*du*

# Vin

Daniel Le Conte des Floris
Éric Riewer
Tamara Thorgevsky
Pierre-Émile Durand

FLAMMARION

# S O M M

## Le Vin raconté  7

L'odyssée du vin  7

De nouvelles techniques au service des terroirs  9

Tradition et innovation  10

Le marché mondial  12

Qu'est-ce qu'un grand vin ?  13

Et Bordeaux ?  18

## L'abécédaire  21

## Annexes

- Guide de l'amateur  114
- Carnet d'adresses  114
- Index  118
- Bibliographie  120
- Versos de couverture :

Guide des vins français d'appellation d'origine contrôlée.

Zones de production du vin en France et dans le monde.

# A I R E

## L'abécédaire

Il se compose des notices suivantes, classées par ordre alphabétique.
À chacune d'elles est associée une couleur qui indique sa nature :

### ■ Le tour du monde des vins

*Afrique du Sud*
*Allemagne*
*Alsace*
*Amérique du Sud*
*Australie*
*Beaujolais*
*Bordelais*
*Bourgogne*
*Champagne*
*Classement*
*Collection*
*Confrérie*
*Domaine, clos et château*
*Espagne*
*États-Unis*
*Gaule*
*Italie*
*Jura et Savoie*
*Languedoc-Roussillon*
*Loire (vallée de la)*
*Provence et Corse*
*Rhône (vallée du)*
*Routes*
*Sud-Ouest*

### ■ Les règles de l'art vinicole

*Aromatisé*
*Assemblage*
*Biologique*
*Blanc*
*Bouteille*
*Cépages*
*Chêne (bois de)*
*Climat*
*Conduite de la vigne*
*Cycle végétatif*
*Doux naturel*
*Effervescent*
*Élevage*
*Fermentation*
*Liquoreux*
*Maladie*
*Millésime*
*Muté*
*Œnologie*
*Origine*
*Production*
*Rosé*
*Rouge*
*Sol*
*Sommelier*
*Terroir*
*Traités*
*Vendange*
*Vieillissement*
*Vinaigre*
*Vinification*

### ■ Le vade-mecum de l'amateur

*Achat*
*Antiquité*
*Aphrodisiaque*
*Bar à vins*
*Carafe*
*Cave*
*Chanson à boire*
*Classique (époque)*
*Consommation*
*Cuisine*
*Débouchage et température*
*Dégustation*
*Dionysos*
*Dix-neuvième siècle*
*Étiquette*
*Eucharistie*
*Foire aux vins*
*Guinguettes*
*Ivresse*
*Littérature*
*Moyen Âge*
*Mythologie*
*Peinture*
*Prix*
*Renaissance*
*Révolution*
*Santé*
*Tourisme viticole*
*Verre*
*Vocabulaire*

Au fil de ces notices, et grâce aux renvois signalés par les astérisques,
le lecteur voyage comme il lui plaît dans l'abécédaire.

# LE VIN RACONTÉ

À l'aube d'un nouveau millénaire, le vin poursuit son odyssée dont l'origine* remonte plus loin que l'histoire écrite. Jamais, sans doute, il n'a fait l'objet d'autant d'attention, de réflexion et de dégustations* qu'aujourd'hui. Aussi, avant de prophétiser l'avenir du vin, est-il pertinent de dresser l'état des lieux.

## L'odyssée du vin

La plus renommée des régions viticoles du monde, celle qui a tant fait pour développer le commerce du vin, le Bordelais*, envoie mille vaisseaux à travers le globe depuis des siècles. Longtemps considérée sans véritable rivale parmi l'élite, à la fois pour la qualité et la quantité de sa production, doit-elle craindre aujourd'hui la concurrence d'autres régions viticoles françaises ou l'émergence des nouveaux pays producteurs ? La dernière édition du siècle de VINEXPO – le salon mondial du vin qui se tient à Bordeaux tous les deux ans depuis 1981 – a mis en lumière le dynamisme du secteur et montré à quel point certains acteurs militaient pour une redistribution des cartes.

Au Bon Climat, vin californien.

On annonce, ici et là, qu'il est dorénavant aisé de trouver des vins de cépages* offrant un meilleur rapport qualité-prix que les petits bordeaux (génériques ou supérieurs). Même un monument comme le classement* des crus bordelais de 1855 est ébranlé : le prix des premiers crus du Médoc est régulièrement dépassé par ceux de quelques « aventuriers » des régions délaissées par le célèbre classement, tel le Château de Valandraud (Saint-Émilion) ou le Château Le Pin (Pomerol), quand ce ne sont pas quelques bouteilles* du Nouveau Monde, comme Colgin, Screaming Eagle ou Marcassin, qui viennent leur voler la vedette lors de ventes aux enchères.

D'ailleurs, l'envolée des prix des grands crus ces dernières années (même dans le cas des millésimes* d'une qualité moyenne) semble avoir ébranlé l'emprise des terres girondines sur le monde des amateurs. Le public semble plus disposé que jamais à explorer, hors les sentiers battus du duo dominant Bordeaux-Bourgogne*, d'autres horizons comme le Languedoc-Roussillon* en France, ou encore l'Espagne*, les États-Unis* et l'Amérique* du Sud.

# LE VIN RACONTÉ

Certaines régions viticoles, pourvues de traditions plus ou moins ancestrales, ont ainsi gagné depuis peu les faveurs des amateurs français, jusqu'ici retenus par des a priori douteux (le Languedoc, jadis producteur de « gros rouge* » ; l'Espagne, de vins oxydés et alcooleux) ou par une histoire viticole trop récente (le Chili ou la Californie, souvent soupçonnés de n'offrir qu'une pâle copie du savoir-faire français).

En fait, ce changement d'attitude résulte indirectement d'une double évolution, technique et économique, liée d'une part au développement de l'œnologie* moderne et d'autre part à l'accroissement de la demande en vin de qualité (sans que ces deux facteurs ne parviennent à expliquer totalement une transformation, à l'évidence très complexe, de nos modes de consommation*).

La maître de chai du Château Lagrezette, à Cahors.

## De nouvelles techniques au service des terroirs

L'importance du progrès technologique de ces deux dernières décennies est considérable. Il a élargi les options dont les vignerons disposent pour améliorer leur savoir-faire dans les vignes et dans les chais. D'abord, une meilleure maîtrise de la culture et une meilleure compréhension des bonnes conditions de vendanges* (maturité et état sanitaire) permettent d'optimiser la qualité de la matière première, les raisins.

Ensuite, l'accroissement du niveau technique des viticulteurs (qui sortent de plus en plus souvent de l'université), dans un contexte de plus grande ouverture du commerce du vin sur le monde, a conduit

Brûlage des sarments coupés lors de la taille, vignoble de Savigny-lès-Beaune, Côte de Beaune.

# LE VIN RACONTÉ

Soutirage d'une cuve de vinification, dans le Bordelais.

à une confrontation, pour ne pas dire une remise en cause des méthodes de vinification*, dont les meilleurs viticulteurs ont su tirer profit en améliorant sans cesse la qualité de leurs vins.

Enfin, les erreurs de vinification sont devenues plus rares et les mauvais millésimes moins nombreux. La panoplie de techniques de « correction » ou « d'amélioration » permet de rattraper une erreur ou de sauver la production lors des années particulièrement médiocres.

Notons toutefois que certains progrès technologiques sont à double tranchant. Il devient facile de faire des vins que l'on qualifie justement de « technologiques », c'est-à-dire acceptables dans le cadre d'une production industrielle, mais rédhibitoires quand l'objectif est de faire parler un terroir* et de mettre en valeur la « typicité » du lieu d'origine d'un vin.

## **Tradition et innovation**

En fait, l'exigence de qualité n'a jamais été aussi élevée. Une nouvelle génération de vignerons passionnés et ouverts d'esprit s'appuie à la fois sur les traditions et sur les progrès technologiques. Mais le renouvellement nécessaire des traditions et l'adoption des techniques utiles n'est pas sans écueils. À trop rechercher des vins « techniquement corrects » l'on risque de tomber dans la banalisation : l'avenir serait bien sombre pour les amateurs si les vins devenaient tous bons mais uni-

# LE VIN RACONTÉ

formes. Le cas de la France, par ses traditions et sa position dominante, est à cet égard exemplaire. D'un côté se range l'autorité, parfois rigide, de l'INAO : l'Institut national des appellations d'origine réglemente l'ascension des régions viticoles au classement des appellations par un cahier des charges qui s'applique aux délimitations géographiques des terroirs, aux conduites* de la vigne, au choix des cépages, aux méthodes d'élevage* du vin, etc. De l'autre, se dressent les vignerons. Les plus exigeants poussent leur recherche d'une expression optimale ou originale de leur terroir au-delà de sa « typicité » historique. Les plus aventureux souhaiteraient pouvoir produire sans contrainte des vins adaptés au goût du public, afin de répondre à

Trois prestigieux vins français : Saint-Julien Château Beychevelle, Chambolle-Musigny du Domaine de Grivelet, Barsac Château-Coutet.

# LE VIN RACONTÉ

la concurrence faite par des pays sans réglementation. Or, il faut se souvenir que l'INAO a été créé dans les années 1930 pour sauver la viticulture française d'une menace réelle d'anarchie et de fraude, et qu'il reste le porte-drapeau des terroirs à une époque où tant de vins, dit de cépage, perdent toute attache avec leur lieu d'origine.

Un compromis doit donc être trouvé entre le carcan réglementaire – qui, en structurant la production, nous met à l'abri de vins « aux essences naturelles de boisé et de fruité » –, et le dynamisme de ceux qui ouvrent de nouvelles voies comme les Éloi Dürrbach du Domaine de Trevallon, aux Baux-de-Provence, Jean Thevenet du Domaine de La Bongran, dans le Mâconnais, ou Jean-Michel Deiss en Alsace\*, pour ne citer que quelques-unes des figures les plus notoires.

## Le marché mondial

Quoique la production\* mondiale du vin soit en hausse, l'engouement du public pour le vin est accompagné d'un déclin de la consommation. On préfère boire moins mais mieux. Du fait de la surproduction, l'on peut donc craindre d'être submergé par une mer de médiocrité « couleur de vin », pour reprendre l'expression d'Homère. Personne ne connaît la « formule » imparable pour gagner les faveurs des consommateurs du monde entier, mais de grands noms misent sur des alliances astucieuses pour s'assurer une bonne part du marché global du futur : Mondavi de Californie s'est allié avec le Château Mouton-Rothschild pour créer un vin nommé Opus One, avec Fresobaldi d'Italie\* pour le Luce, ou avec les Errazuriz du Chili pour le Sena ; le même Mouton-Rothschild a formé une *joint-venture* avec Concha y Toro au Chili, pour produire l'Almaviva ; l'Italien Antinori s'est associé à un domaine de l'État de Washington, aux États-unis…

Henschke, Julius 1997, Eden Valley Riesling, vin australien.

Ainsi l'œnologie moderne est-elle un facteur crucial dans la révolution qualitative, mais n'oublions pas pour autant le rôle du marketing quand il s'appuie sur la prise de conscience par les producteurs que la qualité est payante. Elle se paie parfois très cher, d'où la flambée des prix pour les vins haut de gamme de tous les pays viticoles. Elle ne concerne pas seulement des bordeaux mais aussi les bour-

# LE VIN RACONTÉ

Vignoble en Australie.

gognes premiers et grands crus, les Hermitage et les Côte-Rôtie de la vallée du Rhône*, les Riesling de la vallée de la Moselle en Allemagne* (sublime TBA d'Egon Müller), les vins toscans d'exception comme le Sassicaia ou les grands Barolo du Piémont, en Italie, le Vega Sicilia d'Espagne, et enfin ceux du Nouveau Monde comme le Diamond Creek de Napa Valley, en Californie, ou le Henschke Hill of Grace d'Australie*.

Et il ne se passe plus une année sans qu'un nouveau « grand vin » viennent enrichir l'offre. Le public, toujours plus exigeant, toujours plus curieux, joue bien sûr un rôle clé dans cette spirale vers le haut. Les bars* à vins, écoles de dégustation, clubs, revues spécialisées ou lettres confidentielles se multiplient pour répondre à cet engouement, et contribuent à leur manière à ces progrès. « Tant il est vrai, écrit l'historien Marcel Lachiver, qu'il n'y a pas de grands vins sans consommateurs éclairés. »

## Qu'est-ce qu'un grand vin ?

James Halliday, écrivain et vigneron australien, se plaît à dire que le vin existe pour générer du plaisir et non pour être vénéré. Pourtant, il est difficile de ne pas succomber à la vénération inspirée par des noms mythiques comme Romanée-Conti, Pétrus ou Yquem. Y a-t-il une clé pour comprendre, sans le démythifier, le statut de grand vin ?

Tous les vignerons s'accordent sur le fait qu'un grand vin naît de la conjugaison d'un cépage, d'un sol*, d'un climat*, et des soins apportés aux vignes ainsi qu'à l'élevage du vin dans les chais. Ceux-ci nous rappellent l'importance de l'homme dans l'équation pour optimiser l'expression d'un terroir. Qui n'a pas connu de déception devant des vins issus d'appellations célèbres comme Vosne-Romanée ou Margaux mais qui n'avaient pas reçu les soins adéquats ?

Le plus difficile est de trouver le terroir. Si l'Europe a toujours une longueur d'avance sur d'autres pays viticoles, c'est principalement grâce à sa recherche de terroirs effectuée durant des siècles au moyen d'essais réitérés pour découvrir le ou les cépages qui expriment le mieux le caractère d'un site spécifique. Cette recherche de l'adéquation « terroir-cépage(s) » se manifeste de plus en plus souvent, même dans des pays qui ont initialement refusé ou douté de la notion de terroir. La Napa Valley, en Californie, met en avant les spécificités de certaines sous-appellations comme Oakville ou Rutherford, tandis qu'en Australie la région de Coonawaara est vantée pour son sol rouge qui favorise l'expression du *cabernet-sauvignon*.

Grappe de *sauvignon*.

Dans notre ère de « *concept marketing* », qui mise sur les vins de cépage pour attirer la clientèle, il est aussi important de noter que l'on ne peut pas produire de grand vin à partir de n'importe quel cépage. La liste est aujourd'hui limitée à ceux qui offrent un potentiel de complexité et de capacité de vieillissement* : *cabernet-sauvignon, chardonnay, merlot, nebbiolo, pinot noir, riesling, syrah* font partie de ce monde sélect des « happy few », même si rien ne prouve que cette liste ne puisse s'élargir un jour. Un autre précepte est qu'il n'y a quasiment pas de grand vin sans élevage en fûts de chêne*. Hélas, cet élevage n'est plus réservé aux vins ayant l'étoffe suffisante pour absorber l'arôme du bois sans être dominé par lui. La recherche du goût boisé, si prisé par certains consommateurs, masque le véritable rôle du bois. La capacité de vieillissement – nous entendons par là capacité de s'améliorer et de se complexifier avec le temps et pas simplement de survivre – est renforcée par l'oxydation ménagée subie par le vin pendant l'élevage en bois. Celle-ci contribue à une alchimie complexe entre certains éléments du bois et ceux du raisin, tels que les tannins, les anthocyanes (composés colorants) et l'alcool. C'est par le biais de leur lente modification après la mise en bouteille qu'un vin arrive à bon port avec le bouquet inimitable d'un vieillissement réussi.

Grappes de *syrah*, en Côte-Rôtie.

# LE VIN RACONTÉ

*Double page précédente : chai à barriques du Château Lafite, réalisé par Ricardo Bofill.*

À côté des rares crus ayant une telle capacité, combien de naufrages, de vins oxydés, cassés, décomposés, se retrouvent dans les caves*, gardés trop longtemps par des personnes convaincues que tout vin se bonifie avec le temps, alors que c'est le sort réservé aux « happy fûts » !

## Et Bordeaux ?

Notre rapide périple à travers le monde du vin finit là où il a commencé, dans le Bordelais. Serons-nous témoins dans les années à venir de la fin de l'âge d'or de cette région si prestigieuse ? Et, plus généralement, de la suprématie, même relative, du vignoble français (Bordeaux sert ici d'exemple emblématique) ?

Ce qui est certain, et que l'évolution récente du monde du vin nous a appris, c'est qu'aucune région n'a le monopole des grands terroirs et encore moins du savoir-faire. Concernant ce dernier point, rappelons que ce sont souvent nos universités qui forment les œnologues des nouveaux pays producteurs, ou leurs viticulteurs qui viennent se former dans nos meilleurs domaines.

Néanmoins, Bordeaux a surmonté bien d'autres péripéties au cours de sa longue histoire. Quant à sa suprématie, elle la conservera sans doute encore longtemps, pour au moins deux raisons, qui peuvent d'ailleurs être partiellement transposées à toute région cherchant à produire des vins de qualité et de caractère. La première est que, malgré leur réputation de conservatisme – si bien décrite par François Mauriac –, les Bordelais ont su au fil du temps innover et adapter leurs méthodes de viticulture et de vinification pour optimiser la qualité de leurs vins. Citons l'introduction des méthodes de drainage (y compris chez les plus prestigieux, comme le Château Latour), de la taille « Guyot » pour améliorer la conduite de la vigne, de la bouillie bordelaise pour combattre la maladie* du mildiou, ou plus récemment les techniques d'osmose inverse pour concentrer le moût après des vendanges pluvieuses. Même si un « winemaker » californien comme Robert Mondavi a pu dire que beaucoup de grands châteaux bordelais s'étaient endormis sur leurs lauriers pendant les années 1960, des œnologues comme Émile Peynaud ont su inverser la tendance en définissant des pratiques respectueuses des spécificités de chaque château et en créant une saine émulation entre eux.

La deuxième raison est la grande diversité des terroirs et la non moins importante variété de styles rencontrées parmi les cinquante-sept appellations et les quelque 114 000 hectares de vignes de la région bordelaise. Même si la tendance commerciale d'une bonne

LE VIN RACONTÉ

Pupitres traditionnels chez Roederer, à Reims (Champagne).

partie de la production mondiale est d'aller vers des vins de cépage, Bordeaux, sans renier la tutelle de l'INAO, sait faire valoir la saveur de ses vins d'assemblage*. Plus encore, à l'heure d'une « mondialisation » quelquefois stérile, le Bordelais assume le rôle, avec d'autres (la Bourgogne, la vallée du Rhône et, pourquoi pas, le Languedoc-Roussillon), de nous rappeler que les mêmes cépages, plantés sur des terroirs différents, donnent des vins différents.

Comme aurait pu dire Verlaine : notre vin doit être un paysage choisi. Au XXI$^e$ siècle, ce sera le consommateur ayant l'intelligence et l'initiative de varier et d'approfondir son plaisir par une exploration du monde viticole dans toute sa diversité, qui sera heureux, comme Ulysse, de faire un beau voyage.

*Éric* RIEWER *et Daniel* LE CONTE DES FLORIS

# ABÉCÉDAIRE

### ■ Achat

Une fois établie une stratégie d'acquisition, en fonction de votre cave* et de vos habitudes de consommation, de nombreuses options d'achat s'offrent à vous.

La solution de proximité est le caviste du quartier, avec lequel il est souhaitable d'établir un rapport de confiance. Un bon caviste est non seulement un relais entre vous et les viticulteurs, mais encore un homme passionné par son métier qui saura stimuler et approfondir votre curiosité par le discernement de sa sélection.

Premiers concurrents des cavistes, les supermarchés et les hypermarchés ont su améliorer leurs conditions de conservation ainsi que leur présentation des grands vins, afin de rassurer une clientèle d'amateurs avertis, attirée par l'offre aguichante de grands crus à des prix* intéressants. On peut toujours regretter l'anonymat des grandes surfaces, mais le fait est que 70 % des consommateurs y font leurs achats et que 45 % des vins bordelais y sont vendus. Les foires* aux vins qu'elles organisent chaque automne rencontrent un succès croissant.

Si votre goût va aux millésimes* plus anciens, certains catalogues de vente par correspondance en proposent. Les enchères aux vins ont également des attraits certains, si on reste lucide quant à son budget et vigilant quant à l'état et à la provenance des bouteilles*.

Il est toujours préférable – sinon indispensable – de déguster* un vin avant de l'acheter. Pratiquer le tourisme* viticole permet aussi de situer le vin dans son terroir* et de rencontrer l'homme ou la femme qui l'a produit. Attention cependant à l'euphorie du moment, qui peut conduire à des achats inconsidérés. Par ailleurs, il faut savoir que la plupart des grands crus classés* du Bordelais* ne sont pas vendus aux particuliers par les propriétés. ER

### ■ Afrique du Sud

L'Afrique du Sud, septième producteur* mondial, est à la fois l'un des plus vieux et l'un des plus jeunes pays du vin. Vieux, car sa situation sur la route des Indes conduisit les colons à y planter de la vigne dès le milieu du XVIIe siècle, et certains vins, comme ceux de

Les caves Augé, à Paris 8e.

Vignoble de Thelema Mountain, à Stellenbosch (Afrique du Sud).

# ALLEMAGNE

Constance, sont renommés depuis près de 150 ans. Jeune, car son isolement politique jusqu'en 1989 l'a exclu de la révolution viticole et œnologique* des années 1980 (replantation avec des clones sains, élevage* en fûts, climatisation, etc.).
Aujourd'hui encore, moins d'un cinquième de la production est vinifié* dans des domaines*, les coopératives du très officiel consortium national KWV contrôlant le reste. Les vignes irriguées et fournissant plus de 200 hectolitres à l'hectare ne sont pas rares. L'essentiel du vignoble est concentré dans la région du Cap, avec un encépagement dominé en blanc* par le *chenin blanc* et le *palomino*, en rouge* par le *cinsault* et son produit de croisement avec le *pinot noir*, le *pinotage*. Depuis peu, des cépages* comme le *chardonnay* et le *cabernet-sauvignon* ont largement été plantés, et les efforts des meilleurs domaines sont récompensés par une exportation croissante. DLCDF

### ■ Allemagne

Les Romains introduisirent très tôt la viticulture le long du Rhin et de la Moselle (voir Antiquité). La production* allemande est aujourd'hui tournée essentiellement vers les blancs*, avec notamment des cépages* à maturité précoce, comme le *riesling*, le *sylvaner* et le *müller-thurgau* qui peuvent produire de beaux vins. Les meilleurs terroirs* sont situés dans la partie méridionale du pays, le long des rivières qui tempèrent la rigueur du climat* continental et réfléchissent la lumière sur les coteaux orientés au sud.
Bien que la réglementation ait été révisée en 1971, le découpage en régions, sous-régions et vignobles reste assez complexe. Les vins sont classés* en fonction de leur teneur en sucre (degré de maturité) au moment des vendanges*. Mais, contrairement aux vins d'Alsace*, leur degré alcoolique est généralement faible, souvent autour de 9° ou 10°, et c'est l'acidité qui structure le vin et équilibre le sucre.

Les vins de qualité (« mit predikat ») utilisent des raisins vendangés par tris successifs. Les vins les plus renommés sont les Trockenbeerenauslese (TBA), élaborés à partir de raisins atteints de pourriture noble, et les Eiswein issus de récoltes aux premières gelées (par – 7 °C).
L'Allemagne exporte une grande partie de sa production vers la Grande-Bretagne et les États-Unis*, en particulier le fameux Liebfraumilch, vin simple, légèrement sucré et bon marché.
Mais ce sont les grands Riesling de la vallée de la Moselle (et de ses affluents, la Sarre, la Ruwer) et de certaines parties de la vallée du Rhin (le Rheingau), secs ou liquoreux*, qui prennent place parmi les plus fameux vins du monde. DLCDF

Coteaux de la vallée du Rhin à Bacharach (Allemagne).

# ■ ALSACE

Le grand vignoble français des blancs* ! Établi sur une mince bande de quelque 13 000 hectares, étirée du nord au sud entre Strasbourg et Mulhouse, il tire sa spécificité de sa situation très septentrionale (c'est le vignoble français le plus au nord avec celui de la Champagne*). Le climat* est continental, avec des étés et des hivers très marqués, et des pluies plutôt rares, arrêtées par les montagnes des Vosges qui bordent tout le vignoble. Certains terroirs* ont acquis une grande notoriété – Andlau, Baar, Kaysersberg, Bergheim, etc. – et produisent des vins de grande qualité. Cinquante lieux-dits ont ainsi été classés* au milieu des années 1970 et ont droit à l'appellation « Alsace grand cru » si le choix de l'encépagement se porte sur le *riesling*, le *gewurztraminer*, le *pinot gris* ou le *muscat*. Contrairement aux autres vignobles français, qui mettent en avant la notion de terroir, celui d'Alsace organise le plus souvent sa production en référence aux cépages*. S'y ajoutent les mentions concernant les liquoreux* : « vendanges* tardives », si les raisins sont longuement attendus pour un mûrissement optimum, et « sélection de

Village et vignoble de Hunawihr, en Alsace.

grains nobles », si ceux-ci sont en outre enrichis par la pourriture noble.

Les vins d'Alsace offrent suffisamment de diversité pour accompagner tout un repas. Le Sylvaner, léger, est de plus en plus souvent remplacé par le Pinot blanc, plus régulier en qualité, que l'on sert en apéritif ou avec un plat simple. Le Muscat, fruité, accompagne bien les asperges. Le Gewurztraminer est très épicé et résiste aux fromages les plus forts ainsi qu'à la cuisine exotique. Le Pinot gris, encore appelé quelquefois Tokay, peut également donner de superbes liquoreux quand le beau temps permet des vendanges tardives. Enfin le Riesling, magnifique pour accompagner la grande cuisine* à base de poisson, est le seul vin, avec ceux issus de vendanges tardives et de sélection de grains nobles, qui tire parti d'un vieillissement* assez long. Les deux grands maux des crus d'Alsace sont la dilution, conséquence de rendements souvent pléthoriques, et le sucre résiduel qui empâte le vin quand la fermentation* a été arrêtée avant son terme. Il faut donc être extrêmement vigilant et éviter les vins à la fois léger et sucrés que l'on aura le plus grand mal à accorder avec les mets. DLCDF et PÉD

# AMÉRIQUE DU SUD

Vignoble de la maison Errazuriz (Chili).

### ■ Amérique du Sud

De part et d'autre de la cordillère des Andes, le Chili et l'Argentine dominent, pour des raisons très différentes, la viticulture sud-américaine.

Avec 16 millions d'hectolitres, l'Argentine est de très loin le premier producteur* du continent (et le cinquième mondial). Mais ce pays est également le consommateur quasi exclusif de sa production ! Trop adaptés au goût local, ses vins très particuliers sont rarement appréciés dans le reste du monde.

Avec un vignoble quatre fois moindre, le Chili a vu au contraire ses exportations multipliées par près de dix en 10 ans : elles concernent aujourd'hui environ la moitié de sa production ! Le Chili jouit d'un climat* exceptionnel qui combine admirablement les contrastes : sécheresse peu propice aux parasites et irrigation efficace pour la croissance, chaleur le jour pour le mûrissement, et air frais descendant des Andes la nuit pour le retarder… autant de facteurs qui assurent une vendange* abondante et de qualité, et conservent aux raisins leur fraîcheur.

Mais c'est aussi grâce à son ouverture aux influences étrangères, en particulier françaises, qu'il s'agisse d'investisseurs ou d'œnologues* venant contrôler la vinification* (les fameux « flying winemakers »), que le Chili doit de vivre depuis une dizaine d'années une véritable révolution.

L'encépagement est réorienté. Le *país*, cépage* local sans grand intérêt, est en passe d'être supplanté par le *cabernet-sauvignon*. Le *merlot* et le *chardonnay* semblent très prometteurs. La modernisation des équipements, l'attention croissante accordée aux terroirs* et le contrôle des rendements constituent trois autres facteurs déterminants du renouveau. C'est ainsi que diverses vallées, comme celle du Maipo (proche de Santiago) pour les rouges*, ou celle de Casablanca pour les blancs*, sont aujourd'hui connues bien au-delà des frontières chiliennes. DLCDF

# ANTIQUITÉ

## ■ Antiquité

Sans les intrépides marins de l'Antiquité, le vin ne serait jamais arrivé d'Égypte ou de Phénicie en Crète et, de là, en Grèce (vers 1500 av. J.-C.), puis en Sicile et en Italie* du Sud, plus tard baptisée *Œnotria*, « terre du vin », tant la vigne y prospère.

Les îles de la mer Égée sont les principaux exportateurs : les vins de Chio et de Lesbos sont les plus recherchés. Épais et réputés pour leur douceur – le spectacle des grains mûrs séchant au soleil est décrit par Homère –, conservés dans de grandes jarres ou transportés dans des amphores, ces vins ne sont jamais bus purs. Largement coupés d'eau de mer dans un énorme cratère en métal, parfois additionnés d'herbes et d'épices, ils sont servis dans des coupes lors du *symposion* qui clôture les banquets grecs, tandis que les convives refont le monde.

Au I$^{er}$ siècle av. J.-C., les Romains prennent la relève et développent la viticulture. Ils préfèrent le vin blanc* et décolorent les autres à la vapeur de soufre. Filtrés dans des paniers, les moûts fermentent* en jarre, avant d'être « collés » par ajout de plâtre, de cendres ou de terre glaise, mais également, comme aujourd'hui, de colle de poisson et de gélatine. La mode est au vin cuit (*defrutum*), miellé (*mulsum*), poivré, aromatisé* avec des herbes ou de la résine, servi coupé d'eau de mer. La plèbe et l'armée boivent de la piquette ou *posca*, à base de vinaigre*.

D'abord interdit aux femmes sous peine de mort, le vin incite à une certaine licence (voir Aphrodisiaque), mais tous les banquets ne tournent pas à l'orgie. Le goût romain évoluera avec l'apparition de vins plus légers, venus de Gaule* ou du nord de l'Italie. TT

## ■ Aphrodisiaque

Fruit d'une fermentation* mystérieuse, assimilé au sang, source d'ivresse* et d'excès dionysiaques*, le vin fut longtemps perçu comme une menace pour la vertu des femmes.

Dans la Grèce antique*, les femmes sont exclues des banquets, musiciennes et danseuses exceptées. Les Romains embrassent leurs épouses sur la bouche pour vérifier leur haleine : « Si tu surprends ta femme à boire du vin, tue-la », conseille Caton l'Ancien. Sous l'Empire, les Romaines sont enfin autorisées à boire.

*Scène de banquet* (détail), v. 480 av. J.-C. Plaque peinte de la tombe dite « du Plongeur » trouvée à Paestum. Paestum, Museo Archeologico Nazionale.

Titien, *Les Andriens*, 1523-1524. H/t 175 × 193. Madrid, Museo del Prado.

En fait, les périodes d'exaltation païenne et humaniste du vin alternent avec d'autres plus rigoristes (voir Moyen Âge). L'Église et les philosophes, de Platon à Montaigne, font l'éloge de la modération. Il y a un temps pour boire et un autre pour la « paillardise » car ces deux occupations « s'entrempeschent en leur vigueur ».

C'est seulement au XVIIe siècle que s'estompe la crainte d'une incompatibilité entre le vin et l'amour, puis, au XVIIIe, la très ancienne croyance en une transformation directe du vin bu en sang. Vénus peut rejoindre Bacchus, et les ébats amoureux, aristocratiques ou plébéiens être arrosés de champagne* ou de vin clairet. La méfiance persiste cependant, comme en témoigne le dicton : « Le vin fait du bien aux femmes quand ce sont les hommes qui le boivent. » TT

# AROMATISÉ

Le plus célèbre est connu depuis au moins le XVIe siècle : c'est le vermouth, qui contient, tout comme l'absinthe (*Wermut* en allemand) de l'armoise et d'autres herbes amères. Produit aujourd'hui à l'échelle industrielle, il est commercialisé sous différents noms : Martini, Noilly Prat, Cinzano, Dubonnet, Chambéry, etc.

Le Bordelais* possède également un apéritif de ce genre : le lillet, né dans les années 1870 et qui connaît un regain d'intérêt depuis quelques années. Il est le

### Aromatisé

Appréciés depuis l'Antiquité*, les vins aromatisés sont élaborés à partir de « mistelle » ou de vin muté*, c'est-à-dire du moût frais de raisin auquel on a ajouté de l'alcool avant ou pendant la fermentation*. Ensuite on y fait macérer des aromates (plantes, épices, fruits) pour obtenir des vins à la saveur particulière, dont certains étaient jadis vantés pour leurs vertus médicinales.

résultat d'un assemblage* de vins de Bordeaux, de fruits macérés dans de l'eau-de-vie, et de quinquina pour l'amertume. Le débat orageux qui se déchaîne actuellement en France concernant l'utilisation des copeaux de bois comme additifs aromatiques aux vins non élevés en barrique nous permet presque de parler d'une nouvelle catégorie de vins aromatisés. ER

Élixirs de Carthagène, vins aromatisés aux épices naturelles, de Chantal Comte.

## ASSEMBLAGE
### Un ou plusieurs cépages

Alors que les « vins de cépage* » sont vinifiés* à partir d'un cépage unique ou dominant, les « vins d'assemblage » sont issus de plusieurs cépages. Cette distinction, peu connue en France il y a vingt ans, s'est répandue face au succès commercial, aux États-Unis* et ailleurs, des vins qui affichent leur cépage sur l'étiquette*. En France, l'INAO s'est toujours opposé à la mention des cépages pour les vins d'appellation d'origine (exceptés ceux d'Alsace*), afin de mettre en valeur la notion de terroirs*.

Dans les chais, l'assemblage de cuves différentes permet d'obtenir en quantité un vin d'une qualité et d'un style homogènes. En effet, un même domaine* peut réunir des parcelles appartenant à des terroirs différents ou qui sont plantées de vignes plus ou moins âgées, qui donnent donc des cuvées de caractères distincts. Quoique la tendance actuelle soit d'accentuer ce caractère dans des microcuvées, l'assemblage reste particulièrement important pour les grands châteaux bordelais* qui utilisent leurs meilleurs lots pour leur vin principal et réservent les autres pour un deuxième ou même un troisième vin.

Le champagne* est le vin d'assemblage par excellence : il est souvent issu de trois cépages, mais également de l'assemblage de différentes années dans le cas des bruts non millésimés*. ER

*Cain Five*, vin d'assemblage issu de cinq cépages. Domaine de Santa Helena, Napa Valley (Californie).

### Australie

L'Australie est ce que l'on appelle un producteur* du « Nouveau Monde », par opposition aux vieux pays d'Europe. Les premiers plants de vigne y font leur apparition à l'époque de la colonisation britannique, c'est-à-dire à la fin du XVIIIe siècle. Le premier vignoble digne de ce nom est implanté au milieu du siècle dernier, dans la région de Sydney. En l'absence de tradition viticole, c'est donc avec pragmatisme et dégagé de toute

Vignoble de Coldstream Hills, Yarra Valley (Australie).

contrainte que les Australiens ont exploré leur territoire à la recherche de zones fraîches et humides (le long des rivières), et ont expérimenté des cépages* de toutes origines – *riesling*, *chardonnay*, *sauvignon* et *sémillon* pour les blancs*, *syrah* et *cabernets* pour les rouges*.

Ils ont mis en place des systèmes d'irrigation (interdits en France) et de mécanisation du travail pour pallier le manque de main-d'œuvre, et débutent aujourd'hui un travail d'identification des terroirs* qui suit le modèle français.

Les plus belles régions viticoles ont pour nom Coonawarra (le « Médoc australien »), Barossa Valley (et ses superbes *syrahs*), Margaret River (au climat* proche de celui du Bordelais*) et Hunter Valley (les premiers vignobles historiques). Leurs vins de cépage, francs et fruités, ont séduit une nouvelle population de consommateurs. DLCDF

### ■ Bar à vins

Les bars à vins sont essentiellement de petits restaurants, genre « bistrot » ou « tapas », qui servent des plats simples et centrent leur activité autour d'un choix large et sélectif de vins au verre*. Certains, également cavistes, vendent des vins que l'on peut préalablement goûter au comptoir.

Trop souvent, hélas, une telle enseigne cache un attrape-nigaud où le vin est maltraité et mal sélectionné. Les exemples réussis sont des lieux de découvertes, de convivialité et de bonne humeur, et non pas des endroits snobs qui ne servent que des bordeaux* à des buveurs d'étiquettes* cérémonieux. Rien ne remplace la passion d'un tenancier qui sait guider ses clients et stimuler leur curiosité. Préférons donc les bars à vins témoignant d'un choix alerte et intelligent de vins, à déguster* dans une atmosphère joyeuse et juvénile. ER

## ■ BEAUJOLAIS

Crus du Beaujolais.

C'est grâce à la vente du « beaujolais nouveau », le troisième jeudi de novembre, que ce vignoble est devenu mondialement célèbre. Le succès de cette ingénieuse opération commerciale et technique – réussir à produire, mettre en bouteille* et distribuer dans le monde entier un vin fruité et gouleyant dans les deux mois qui suivent les vendanges* – est impressionnant : près de la moitié de la récolte est vendue avant la fin de l'année. Ce sont des vins souples et peu tanniques, aux arômes nettement fruités (avec un côté « bonbons anglais »), parfois entêtants, dus à une macération courte des raisins entiers en cuves fermées.

Le paysage viticole est formé de coteaux et s'étend entre Mâcon – le sud du vignoble bourguignon* auquel il est d'ailleurs parfois rattaché – et Lyon – la limite nord du vignoble rhodanien*. Le climat* est continental mais subit une influence méditerranéenne (hivers rudes, gels dévastateurs, printemps parfois précoces et suivis de gelées, étés chauds mais souvent orageux). L'unique cépage* utilisé est le *gamay noir à jus blanc*, de vigueur moyenne, qui doit être taillé court pour éviter l'épuisement des pieds et la dilution des futurs vins. Les rares vins blancs* sont issus du *chardonnay* et de l'*aligoté*.

Le vignoble couvre environ 22 000 hectares et est divisé en trois aires. Aux sols* argilo-calcaires et

sédimentaires, situés à l'ouest et au sud, correspond l'appellation régionale « Beaujolais ». Les roches métamorphiques et granitiques rassemblent l'appellation « Beaujolais-Village » et les dix crus : Brouilly, Côte-de-Brouilly, Chenas, Chiroubles, Fleurie, Juliénas, Morgon (qui « morgonne », sans doute à cause du manganèse de son terroir*), Moulin-à-Vent (seigneur du Beaujolais, de grande garde), Régnié (le dernier à avoir obtenu l'appellation) et Saint-Amour.

Le beaujolais est le plus souvent un vin facile qui accompagne charcuterie et fromages, mais les meilleurs crus, quand ils sont produits par des viticulteurs exigeants, peuvent accompagner la grande cuisine*, à l'égal des bourgognes auxquels ils ressemblent parfois en vieillissant*. Un ancienne coutume, regrettable, permet de déclasser les crus de beaujolais en appellation « bourgogne » alors que ces derniers sont produits à partir du *pinot noir*. DLCDF et PÉD

# BIOLOGIQUE

Viticulture « bio-dynamique », domaine Huet, à Vouvray.

Séparation des grains de raisin et des rafles avant pressurage. Vendanges du Château Haut-Brion, vignoble de Pessac-Léognan.

### ■ Biologique

L'agriculture intensive considère le sol* comme un simple support pour le développement de la plante. On nourrit celle-ci en lui donnant les éléments chimiques dont elle a besoin, et on la traite de manière systématique pour la débarrasser des prédateurs et des maladies*. Cependant, certains excès s'avérant indirectement nuisibles à la santé ont conduit à plus de prudence dans les traitements ou à rechercher d'autres approches.

L'agriculture biologique considère le sol comme une entité qui abrite diverses formes de vie végétale et animale, et dont il faut préserver l'équilibre. Sauf exceptions (approuvées par arrêté), la Commission nationale de l'agriculture biologique interdit l'usage des engrais et des pesticides de synthèse.

En accord avec ces principes, de nombreuses méthodes, plus ou moins scientifiques, ont vu le jour. La plus célèbre est l'agriculture « bio-dynamique » : elle utilise des techniques écologiques suivant un système théorique qui veut prendre en compte les « influences cosmiques » sur la vitalité de la terre. Malgré certains aspects « fantaisistes » de la bio-dynamique, la qualité des vins obtenus par des grands viticulteurs français convertis à cette méthode obligera à avoir dans l'avenir une véritable réflexion sur cette nouvelle approche de la viticulture. DLCDF

### ■ BLANC : éloge de la vitesse !

Les vins blancs sont généralement issus de raisins à peau blanche (la pulpe est toujours blanche) que l'on presse immédiatement pour éviter toute dégradation de la qualité au contact de l'air (par oxydation le jus deviendrait brunâtre). Afin de faciliter le pressurage, on peut éventuellement procéder à un léger foulage préalable : les baies déjà éclatées libèrent d'autant plus facilement leur jus. Dès le chargement du raisin dans la presse, du jus dit « de goutte » s'écoule naturellement sous la presse et est récupéré pour remplir une cuve, immédiatement rejoint par le jus d'une ou parfois deux pressées.

Un sulfitage est généralement effectué lors de cette mise en cuve : le souffre a une action antioxydante indispensable, mais il est également antiseptique ce qui a tendance à ralentir l'activité des levures responsables de la fermentation*. Un délai d'au moins une demi-journée de repos est nécessaire pour permettre le « débourbage », c'est-à-dire la tombée au fond de la cuve des « bourbes » (morceaux de peau, de pulpe, mais aussi traces de terre) les plus grossiers, qui risqueraient ultérieurement de donner de mauvais goûts. Ensuite, selon le type de vin et la qualité recherchée, le jus clair est transféré dans une nouvelle cuve ou dans des fûts de chêne*, pour accomplir sa fermentation alcoolique. DLCDF

# ■ BORDELAIS

Le plus célèbre des vignobles s'est développé autour de l'estuaire de la Gironde, de la Garonne et de la Dordogne. D'une certaine façon, c'est à l'eau que Bordeaux doit son vin. Issu de terroirs* où prédominent souvent les graves, tempérés par les fleuves et la mer, protégés du vent par un écran littoral de pins, il prit le large vers l'Angleterre à laquelle il doit en grande partie sa notoriété dès le XIIe siècle. Mais ce n'est qu'au XVIIe siècle que se révélèrent ses grands crus. Grâce à la sélection de terroirs, au contrôle des rendements et à l'élevage* en fûts de chêne*, une relation étroite s'établit entre terroirs, châteaux et renommée (voir Domaines).

La hiérarchie qui en résulta aboutit à un classement* des rouges* du Médoc et des liquoreux* de Sauternes, établi en 1855 et qui fait encore autorité. Elle distinguait quatre premiers crus en rouge, Margaux, Latour, Lafite-Rothschild et Haut-Brion (ce dernier appartient en fait à la zone des Graves), et un premier cru exceptionnel en blanc*, Yquem. Ce n'est que bien plus tard, en 1973, que

Château Pichon-Baron et son vignoble, à Pauillac, dans le Médoc.

Mouton-Rothschild les a rejoins et que les Saint-Émilion eurent droit eux aussi à leur classification.

Mais Bordeaux n'est pas toujours synonyme de grands crus ou de vins chers (voir Prix). Derrière cette élite, se cache des millions de bouteilles qui bénéficient de la réputation du Bordelais et sont présentes sur toutes les tables du monde. Cinquante-sept appellations différentes se partagent les quelque 5 millions d'hectolitres produits chaque année sur plus de 110 000 hectares. Sur une telle surface, les sols* sont bien sûr très divers, mais c'est surtout sur les terroirs bien drainés que l'on trouve les grands crus, les sols d'alluvions étant réservés à la simple appellation « Bordeaux ».

Le point commun des vins du Bordelais réside dans le savant assemblage* de plusieurs cépages*. Pour les rouges, le *cabernet-sauvignon* et le *cabernet-franc*, tanniques, assurent la garde, et le *merlot*, plus souple, contribue au velouté. Pour les blancs, le *sauvignon*, vif, complète le *sémillon* et la *muscadelle*, plus délicats et sensibles à la pourriture noble (qui donne les liquoreux). DLCDF et PÉD

# ■ BOURGOGNE

Étonnant vignoble, à la fois si cohérent et si varié ! Cohérent par son unique encépagement, le *pinot noir* pour les rouges* et le *chardonnay* pour les blancs*. Varié par la diversité de ses sols*, sous-sols et celle des appellations qui en découlent, soit près d'une centaine sur 28 000 hectares (3 % du vignoble français). Plus que nulle part ailleurs, la notion de terroir* prend ici toute sa dimension, tant la moindre différence d'exposition, d'altitude ou de nature du sol peut engendrer un vin différent. De Dijon à Chagny, une prestigieuse échine produit les grands crus dont les noms font tant rêver. La fine bande de la Côte de Nuits, remarquée dès le Moyen Âge, rassemble sur 40 km une savante mosaïque de petites parcelles (souvent appelées « climats ») qui donnent les grands vins rouges : l'on y passe, sans même s'en rendre compte, du Clos de Bèze à Chambertin, de Musigny au Clos de Vougeot, ou de la Romanée-Saint-Vivant à la Romanée-Conti. Plus au sud, c'est la Côte de Beaune, domaine des grands vins blancs : Corton-Charlemagne, Meursault, Montrachet, etc.

Les prix* atteints par ces vins étant à l'image de leur notoriété, on comprend pourquoi tant de pays du Nouveau Monde tentent d'acclimater les deux cépages* bourguignons, avec d'ailleurs un certain succès pour le *chardonnay*.

Fort heureusement, on trouve encore quelques vins de Bourgogne à des prix raisonnables. Au nord-ouest de Dijon, l'aire de Chablis (plus de 5 000 hectares) offre des vins vifs et secs, dont les grands crus et même certains premiers crus sont à tort bus trop jeunes, car il faudrait les attendre au moins cinq ans. Leur succès à l'étranger ne s'est pas démenti depuis des décennies. Au sud de Chagny, s'étend la Côte châlonnaise, consacrée essentiellement aux rouges (Rully, Mercurey, Givry, etc.), puis le Mâconnais reconnu pour ses blancs, petits (Mâcon-Village) ou grands (Pouilly-Fuissé).

De même que tous les autres vins, la majorité des bourgognes peuvent être bus dans les deux ans tandis que les premiers crus méritent trois à cinq ans de cave* et les grands crus six à huit ans. Seuls les amateurs avertis de la grandeur d'un millésime* et possédant une bonne cave pourront prendre le risque d'un vieillissement* plus long et connaîtront peut-être la finesse et la complexité inouïe d'un grand cru de vingt ans. DLCDF et PÉD

Vendanges du Grands-Échézeaux, domaine de la Romanée-Conti, Côte de Nuits.

# BOUTEILLE

Relief figurant le stockage des amphores dans une cave, II<sup>e</sup>-III<sup>e</sup> siècle apr. J.-C. Rome, Museo della Civiltà Romana.

## 🟩 Bouteille

Bois, terre cuite, verre, les matériaux utilisés pour conserver le vin ne sont pas légion. L'amphore en terre cuite, une invention cananéenne introduite en Égypte vers 1500 av. J.-C., est imperméabilisée par une couche intérieure de poix ou de cire, puis bouchée au plâtre ou au liège et cachetée à la poix. L'amphore grecque (voir Antiquité) contient à peu près 40 litres, la romaine 26 – l'équivalent de trente-cinq bouteilles environ. Bien bouchée, une amphore était aussi étanche qu'une bouteille actuelle, et le vin pouvait y séjourner longtemps sans dommage.

Léger et robuste, le tonneau celte en châtaignier ou en chêne* est d'abord associé à la bière et réservé au transport. Il détrône progressivement l'amphore vers le III<sup>e</sup> siècle. Hélas, il laisse passer l'air, et le plaisir d'un vieux millésime* disparaît (voir Moyen Âge). La technique syrienne du verre soufflé à la bouche est répandue depuis le I<sup>er</sup> siècle av. J.-C., mais ce matériau sert surtout à la fabrication des carafes* et des gobelets.

Il faut attendre le XVII<sup>e</sup> siècle et l'invention en Angleterre des premiers fours à charbon puis du verre de houille pour en finir avec le fragile verre blanc des fours à bois (voir époque classique*). Les bouteilles anglaises, solides et stables, vont révolutionner la conservation et la consommation du vin. Leur goulot renforcé par une bague permet de revenir au bouchon de liège. La bouteille de vin actuelle a une contenance standard internationale (0,75 l), mais les principales formes régionales de France ont survécu : champenoise, bourguignonne, alsacienne, provençale, etc. Quant à l'élégante bouteille bordelaise, le monde entier l'a copiée. Il faut aussi savoir que la taille de la bouteille influe sur l'évolution du vin : plus le flacon est grand, plus la maturation sera longue. La contenance idéale semble bien être le magnum (1,5 l). Au-delà, on entre dans le registre des plantureux contenants aux noms bibliques : jéroboam, mathusalem, salmanazar, nabuchodonosor. Leur volume peut varier d'une région à l'autre : le jéroboam champenois (3 l) n'est pas le jéroboam bordelais (4,5 l) ! TT

> « *Qu'ils sont doux,*
> *Bouteille jolie,*
> *Qu'ils sont doux*
> *Vos petits glouglous*
> *Mais mon sort ferait bien des jaloux,*
> *Si vous étiez toujours remplie.*
> *Ah, bouteille, ma mie,*
> *Pourquoi vous videz-vous ?* »
>
> Molière, *Le Médecin malgré lui*, 1666.

## Carafe

Faut-il « carafer » le vin, c'est-à-dire le transvaser de sa bouteille* dans une carafe ? Une longue aération n'est pas toujours aussi bénéfique que l'on pourrait le croire, et bien des dégustateurs* chevronnés préfèrent les vins servis immédiatement après débouchage* ou « carafage ».

Mis à part le côté esthétique d'une belle carafe – de préférence transparente et évasée pour élargir la surface de contact entre l'air et le vin –, le carafage est surtout recommandé pour les vins dont les molécules ont besoin d'être « stimulées » par une oxygénation modulée. C'est le cas pour certains vins rouges* jeunes, puissants et tanniques, et même certains vins blancs* (les Chablis grands crus ou des Hermitage). De même pour les vins en phase de fermeture, tels certains crus bordelais* de moins de 10 ans d'âge : une caresse d'air aide ces belles au bois dormant à ressusciter.

La décantation est réservée aux vins vieux et parfois aux vins jeunes non filtrés avant la mise en bouteille, afin de les séparer du dépôt, une matière solide formée lors du vieillissement* par les tanins et les anthocyanes (matière colorante). Attention : cette opération risque d'être trop brutale pour certains vins vieux et fragiles, aux bouquets délicats. Enfin il faut savoir que, contrairement à une croyance répandue, déboucher une bouteille une ou deux heures avant de la boire n'a pratiquement aucun effet d'oxygénation sur le vin. En revanche, un bon verre à vin, fin, choisi plus pour sa forme ample et tulipée que pour l'apparat, remplit le même office qu'une carafe. ER

Annibal Carrache, *Jeune Garçon buvant*, v. 1582. H/t 56 × 43,8. New York, coll. part.

Carafe de décantation.

# CAVE

Cave Drouin, à Beaune, en Bourgogne.

## ■ Cave

Votre collection\* de vins prend de l'ampleur et dépasse le simple approvisionnement courant. Trouver un endroit pour stocker vos bouteilles\* peut être un véritable « case-tête », car les conditions idéales de conservation sont rarement réalisables dans les habitations citadines modernes. Une cave doit rester fraîche, certes, mais une température entre 8 et 17 °C est acceptable s'il n'y a pas de variations brutales, ce qui fatiguerait le vin et diminuerait sa potentialité aromatique. Néanmoins, le vieillissement\* d'un vin sera plus rapide et moins harmonieux avec des températures proches de 17 °C. L'idéal est une température stable de 11-12 °C, et une hygrométrie importante – entre 70 et 80 % d'humidité – afin que les bouchons ne se dessèchent pas. Enfin l'endroit doit être à l'abri de la lumière (crucial pour le champagne\*), des vibrations (défaut des caves parisiennes situées près du métro) et surtout des odeurs envahissantes (produits d'entretien, peinture, cirage, légumes, etc.).

Les maisons qui ne possèdent pas un tel local peuvent être équipées d'une cave à vins préfabriquée, prête à être enterrée. À défaut de cave, les armoires à vins sont une solution pour les petites collections n'excédant pas 260 bouteilles (il existe toutefois des armoires d'une capacité de 1 000 bouteilles). Enfin, si l'on accepte d'« expatrier » ses précieux flacons, il est possible de louer un emplacement dans une cave à vins collective qui, en principe, réunit les conditions idéales de conservation. ER

# CÉPAGES
## Vitis Euvitis vinifera

Historiquement, les cépages sont issus de croisements spontanés ou de mutations génétiques de plantes du sous-genre *Euvitis*, genre *Vitis*, une vaste famille de végétaux grimpants et rampants. Du fait de la dérive des continents, le sous-genre *Euvitis* est ramifié en deux groupes : l'américain, dont les espèces *rupestris* ou *riparia* sont utilisées comme porte-greffe (depuis le phylloxéra, toutes les vignes françaises sont greffées), et le groupe eurasiatique. À ce dernier appartient l'espèce *vinifera*, d'où descend la quasi-totalité des cépages vinicoles.
L'ampélographie identifie plusieurs milliers de cépages, mais seules quelques centaines sont utilisées pour produire du vin (ce ne sont généralement pas les mêmes cépages que ceux cultivés pour obtenir des raisins de table ou des raisins secs). Parmi eux, une trentaine joue un rôle important, soit quantitativement, soit qualitativement : *cabernet-sauvignon*, *syrah*, *chardonnay*, etc (voir page 114-115).
En raison des nombreuses maladies* apparues depuis la fin du siècle dernier, la multiplication « végétative » des plants a été largement remplacée par la sélection clonale. Cette méthode, mise en place par des laboratoires, consiste à sélectionner le meilleur représentant d'un cépage selon plusieurs critères : absence de virus, résistance aux conditions climatiques*, à la pourriture grise, capacité de rendement, etc. Puis à multiplier l'heureux élu à l'identique – ce sont les clones – créant ainsi une population homogène. Le risque est bien sûr que le patrimoine génétique des cépages ne s'appauvrisse et qu'apparaisse une nouvelle maladie qui détruirait le vignoble de façon, elle aussi, « homogène ». DLCDF

Bartolommeo Bimbi (1648-1725), *Vingt-huit Cépages*. H/t. Florence, Galleria Palatina.

# CHAMPAGNE

La qualité des vins de la région est attestée dès le IXe siècle, et il n'est pas de sacre royal sans eux. Jusqu'au XVIe siècle, on vante le « vin d'Aÿ », sans doute rouge* depuis peu. En 1668, dom Pérignon devient cellérier de l'abbaye de Hautvillers : il n'a pas inventé les bulles du champagne, mais ses méthodes rigoureuses entraînent un remarquable progrès. Au XIXe siècle*, des améliorations techniques et la demande (anglaise) pour un vin plus sec aboutissent au champagne contemporain : une seconde fermentation* en bouteille*, après ajout de sucre et de levures, génère les fameuses bulles lors de ce que l'on appelle la « prise de mousse » (voir vins effervescents*).

L'une des singularités champenoises est d'assembler* les cépages*, les terroirs* et même les années. Sur les trois cépages autorisés (*pinot noir*, *pinot meunier* et *chardonnay*), deux sont noirs : un pressurage très précis permet d'obtenir un moût blanc, aussitôt séparé des peaux de raisin. Le terme « blanc* de blancs » désigne un champagne exclusivement issu du *chardonnay*. Le vignoble compte 320 crus, classés* de 80 à 100 % (les 17 plus prestigieux sont dits à « 100 % ») en fonction de la cote des raisins. À de rares exceptions près, un champagne doit sa personnalité à toute une mosaïque de terroirs.

Le « brut sans année » (70 % de la production*) est composé de vin de l'année et d'une proportion variable de millésimes* antérieurs (« vins de réserve ») qui contribuent à préserver le style d'une cuvée en dépit des aléas climatiques*.

La gamme comporte également des rosés* (seule la Champagne a le droit d'ajouter du vin rouge au vin blanc pour obtenir du rosé), des cuvées millésimées (les bonnes années), des cuvées « spéciales » de prestige, des demi-secs, etc.

Millésimé ou non, une fois mis sur le marché, le champagne doit être bu dans l'année – sauf si l'on recherche le goût très particulier des vieux champagnes. Fragile, il craint la lumière et la brutalité : éviter l'achat* en supermarché, mais aussi les séjours prolongés au réfrigérateur. Mieux vaut le boire frais et non glacé (de 8 °C pour un brut ordinaire à 12 °C pour une cuvée d'exception). Au dessert, le demi-sec s'impose. π

« *Chloris, Eglé me servent de leur main*
*D'un vin d'Ay dont la mousse pressée,*
*De la bouteille avec force élancée,*
*Comme un éclair fait voler son bouchon.*
*Il part, on rit ; il frappe le plafond ;*
*De ce vin frais l'écume pétillante*
*De nos Français est l'image brillante.* »

Voltaire, *Le Mondain*, 1736.

Champagne Charbant blanc sur pupitres.

Banquet de la « Paulée », à Meursault (Côte-d'Or). Photographie d'Henri Cartier-Bresson.

### ■ Chanson à boire

Les vendanges* sont l'un des temps forts du calendrier agricole. Le travail est dur, le soleil tape, mais la gaieté l'emporte. Si l'on entonne parfois des chants de révolte, bien plus nombreux sont les airs de danse et les chants de pressoir, comme le célèbre *Pressoir* beaujolais* (« Le vin coule à flots, remplissons les brocs »). Copieusement arrosé, le repas de la fin des vendanges – *paulée* bourguignonne, *tue-chat* franc-comtois, *cochelet* champenois – marque l'apogée de cet élan de vitalité et de paillardise (voir Aphrodisiaque). Une chanson de 1675 le dit clairement : « L'argent, que beaucoup rapporteront, sera pour acheter des langes, pour emmailloter les poupons. »

Les XVIII$^e$ et XIX$^e$ siècles* sont bachiques, dans un style populaire (« Bacchus me rend content, Vénus me rend joyeux, mais, ma foi, quand on est à notre âge, on doit les aimer tous les deux ! », chanson du Jura*) ou savant, tel le *Buveur devenu amoureux* (1733) dû au frère de Jean Philippe Rameau : « Je me plaisois à l'ombre d'une treille, et je voyois dans ma bouteille, l'unique objet de mes désirs. » On se gausse des moines, mais on honore saint Vincent.

Il existe de vrais chants de ralliement, comme le célèbre « Joyeux enfant de la Bourgogne*, je n'ai jamais eu de guignon, et quand je vois rougir ma trogne, je suis fier d'être Bourguignon ». D'autres font fuir les délicats, tel le rituel « Et glou, et glou, et glou » de fin de banquet.

Béranger mettra tout le monde d'accord : « Vendangeons et vive la France ! Le monde, un jour, avec nous trinquera. » TT

### ■ Chêne (bois de)

L'utilisation de la barrique en bois de chêne pour l'élevage*, le stockage et le transport des vins est une pratique très ancienne qui avait été plus ou moins délaissée au profit de matériaux inertes et microbiologiquement sains (cuves en inox, en béton ou en plastique). Depuis une quinzaine d'années, on assiste à un renouveau de la vinification* et de l'élevage sous bois.

De nombreux travaux ont montré que le rôle du bois de chêne ne se limite pas à celui, indéniable, de l'aromatisation. C'est un matériau surprenant, à la fois très peu perméable et très poreux. De nombreux phénomènes, et en premier lieu l'oxydation ménagée (l'oxygène pénètre en quantité infinitésimale mais régulière), font de la barrique un contenant capable de modifier la structure, la composition et la qualité des vins. Bien sûr, il existe aussi des usages excessifs du bois neuf qui « maquille » les vins fruités ou à structure légère.

Une grande maîtrise est nécessaire pour adapter un élevage sous bois à l'origine du vin (terroir* plus ou moins prestigieux) et à la nature du millésime* (petite ou grande année) : l'origine géographique du bois, la chauffe plus ou moins forte opérée par le tonnelier, comme la proportion de fûts neufs auront une incidence.

La tonnellerie française s'approvisionne dans différents massifs forestiers, situés principalement dans le Centre, le Limousin, la Bourgogne* et les Vosges. Chaque région donne un bois ayant des caractéristiques propres, susceptibles de communiquer aux vins des goûts et des arômes particuliers. DLCDF

Comptage des douelles avant leur assemblage définitif par des cerclages en métal. Tonnellerie Seguin-Moreau, à Cognac.

# CLASSEMENT

## ■ CLASSEMENT : crus, terroirs et domaines

Face à l'abondance des vins, les buveurs éclairés de tous les temps ont élaboré une hiérarchie de qualité. Ce besoin de repères remonte très loin. En Bourgogne*, la notion de crus trouve son origine dans la mosaïque des « climats* » délimités par les moines cisterciens au Moyen* Âge (et sans doute par les Romains et les Celtes avant eux). Dès le XIVe siècle, les vignobles les mieux situés ont été identifiés dans le Jurançon.

Le plus connu des classements est celui des vins de Bordeaux*, créé en 1855 lors de l'Exposition universelle à Paris. Ce système de cinq classes de crus est limité à soixante châteaux du Médoc, auxquels s'ajoute le Haut-Brion, un vin des Graves. Il a été établi par des négociants et des courtiers en vin, non pas après évaluation de la qualité des crus, mais en fonction de leurs prix*. Malgré les critiques contre son ordre figé, ce classement perdure. D'autres appellations bordelaises ont emboîté le pas, quoique avec plus de souplesse. Saint-Émilion a établi un classement en 1955, qui est révisé tous les dix ans (le dernier en date est celui de 1996). Une aire d'appellation voisine, Pomerol, n'a jamais voulu de classement. D'ailleurs, pour beaucoup de consommateurs et de cavistes, les notations de certains critiques ont pris le dessus sur les classements.

Parallèlement, l'INAO (Institut national des appellations d'origine), créé en 1935, a mis en place les catégories AOC et AOVDQS pour garantir l'authenticité des produits vinicoles. Afin de renforcer la notion de terroir* et de « typicité », ce même organisme a élaboré une réglementation par décret concernant la délimitation géographique, les cépages* autorisés, la conduite* de la vigne, etc. D'autres pays ont depuis adopté un système similaire (DOC en Italie*, DO en Espagne*). Aujourd'hui, l'Union européenne en fait autant avec le statut de VQPRD, « vin de qualité produit dans une région déterminée ». ER

## ■ Classique (époque)

Au milieu du XVIIe siècle, l'aristocratie britannique a soif de nouveaux plaisirs et elle est prête à y mettre le prix*. Contemporaine d'une innovation technique améliorant les bouteilles*, cette « soif anglaise » va engendrer une véritable révolution du goût. Les « vins noirs » de Guyenne, ou « *new French clarets* », connaissent un succès foudroyant : corsés et riches en alcool, ils sont rares et chers. Négoce britannique et propriétaires s'organisent. Les vignobles des Graves et du Médoc (voir Bordeaux) sont drainés et replantés. On taille, on trie, on assemble*, on loge le vin dans des fûts neufs, stérilisés au soufre au moyen de l'« allumette hollandaise ».

Provenance et millésime* s'affichent. Basée sur les prix, la hiérarchie des crus se met en place dès 1740 et ne changera plus guère. En 1787, Thomas Jefferson dresse son classement* personnel : en tête, Margaux, Latour, Haut-Brion, Lafite. L'Europe entière va suivre le mouvement, mais la France boude cette « tisane de Richelieu », jugée trop âpre. Depuis 1663, le « vin d'Aÿ » rencontre

lui aussi son destin en Angleterre. Fascinés par son pétillement spontané au printemps, les Anglais imaginent de le mettre en bouteille avec une pincée de sucre afin de mieux le faire mousser : c'est la naissance du champagne*. Pendant ce temps, à Hautvillers près d'Épernay, un certain dom Pérignon (1638-1715) lutte contre ces bulles, jugées vulgaires, tout en perfectionnant les grands principes d'élaboration. Il faut attendre les frivolités de la Régence pour voir le triomphe définitif du vin « saute-bouchon ». TT

Jean-François de Troy, *Le Déjeuner d'huîtres*, 1735. H/t 180 × 126. Chantilly, musée Condé.

# CLIMAT

## ■ CLIMAT : entre l'eau et le soleil

Toutes les vignes, et surtout la *Vitis vinifera*, craignent le gel. Au printemps, une température de – 3 °C suffit pour geler les pousses vertes et compromettre la récolte. En hiver, une température comprise entre – 15 °C et – 20 °C peut, combinée aux effets du vent et de l'humidité, détruire le bois de la vigne qui devra alors être arrachée. Pour ces raisons, l'aire de culture de la vigne en Europe exclut les pays trop au nord, au-delà du 50e parallèle, et ceux de climats continentaux qui ne bénéficient pas des effets régulateurs de la mer. À l'intérieur de ces limites, les différents cépages* sont répartis, du nord au sud, selon la précocité de leur débourrement (apparition des bourgeons), leur besoin en température au cours du cycle* végétatif (besoin qui augmente d'environ 45 % entre le début et la fin) et leur époque de maturité.

L'ensoleillement joue également un rôle déterminant puisqu'il conditionne l'activité de photosynthèse et donc l'accumulation de sucre dans la vigne et plus spécialement dans le raisin : les cépages précoces arriveront à maturité après 1 200 heures d'insolation, les cépages tardifs après environ 1 600 heures. L'ensoleillement dépend non seulement de la topographie locale (orientation et inclinaison de la pente, présence d'une colline ou d'une montagne) mais aussi du travail de la vigne (orientation des rangs, espace entre eux, étalement du feuillage, etc.).

Le troisième facteur climatique, peut-être le plus complexe, est l'eau. Outre les précipitations nécessaires à la vie de la vigne, il englobe d'autres paramètres comme la capacité de rétention du sol*, le vent et l'humidité de l'air, la rosée, la résistance du porte-greffe et du cépage à la sécheresse, qui peuvent radicalement modifier le comportement d'une vigne sous un climat donné. DLCDF

## ■ Collection

Les motivations des grands collectionneurs de vins sont très diverses : passion, spéculation, snobisme... Certains, comme l'Américain Bipin Desai ou l'Allemand Hardy Rodenstock, sont de véritables amateurs, partageant leurs immenses collections avec d'autres passionnés du monde entier lors de grandes dégustations*. D'autres thésaurisent les bouteilles* rares : aujourd'hui, ils sont à l'affût des nouveaux vins « cultes » qui, sans avoir passé l'épreuve du temps, atteignent des prix* exorbitants.

Il serait ridicule d'accuser tous les collectionneurs d'être des buveurs d'étiquettes*, incapables d'estimer le vin pour lui-même. Être riche n'empêche pas d'apprécier un Montrachet ! Les plus patients d'entre eux savent encaver un vin avec amour et attendre l'apogée de son épanouissement avant de le partager avec des amis. Cependant, qui n'éprouverait de l'envie à l'égard du Hongkongais Henry Tang qui possède 40 000 bouteilles de la meilleure facture, ou de l'Américain Bill Koch qui détient 28 000 bouteilles dont un Château Lafite 1737, payé 450 000 francs ? « Si les riches ne sont pas des gens comme les autres », selon la formule de Scott Fitzgerald, c'est, nous le rappelle Hemingway, « parce qu'ils ont plus d'argent » et donc plus de vin ! ER

Cave du château Lafite-Rothschild, à Pauillac.

Taille de la vigne.

## ■ CONDUITE DE LA VIGNE
### La maîtrise des rendements

Le destin naturel de la vigne est de devenir liane, de s'étendre sans cesse, développant de façon irrégulière des petits fruits sans intérêt gustatif. Pour obtenir des raisins propres à donner un bon vin, le viticulteur doit brider le mouvement naturel de la vigne (voir Cycle végétatif), maîtriser son alimentation afin de répartir au mieux son potentiel vital entre la production de fruits (obtenir une récolte mûre) et la vigueur de la plante (développement du feuillage, des rameaux, constitution de réserves pour l'année suivante) : c'est la « conduite » de la vigne.

Les modes de taille sont généralement dictés par la réglementation (sauf dans les nouveaux pays producteurs*) ou par les usages locaux : taille « Guyot » en Bourgogne* ou dans le Bordelais*, taille en « gobelet » ou « cordon de Royat » dans le Midi. Ils connaissent de nombreuses variantes en fonction des rendements souhaités ou pour s'adapter à la mécanisation des vendanges*.

Cette « taille sèche », effectuée en hiver, est le pivot de tout un ensemble de travaux de la vigne qui conditionneront la qualité du vin à venir, dès lors que l'on abandonne la seule logique productiviste : après les vendanges, vient le temps des labours, de l'engraissement de la terre ; au début du printemps, il faut détruire les mauvaises herbes, protéger les jeunes rameaux contre les parasites, supprimer les jeunes pousses en trop ; en été, on doit remonter les rameaux, assurer le palissage et effectuer une « taille en vert », c'est-à-dire faire tomber les raisins excédentaires. DLCDF

# CONFRÉRIE

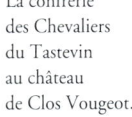

La confrérie des Chevaliers du Tastevin au château de Clos Vougeot.

### ■ Confrérie

Plus de cent confréries, commanderies et autres connétablies existent aujourd'hui en France. Chaque année, elles intronisent amateurs et personnalités lors de joyeuses célébrations en costumes d'époque, dûment arrosées de vin et de discours fleuris. Bon nombre d'entre elles se réfèrent à des sociétés communales ou bachiques ayant existé au Moyen* Âge ou sous la

*« Par Noé, père de la vigne,
par Bacchus dieu du Vin, par saint Vincent,
patron des vignerons,
nous vous armons chevalier du Tastevin. »*

Formule d'intronisation
dans l'ordre des Chevaliers du Tastevin.

Régence, mais leur rôle consiste surtout à promouvoir leur région et ses vins.
Première confrérie « moderne », les Chevaliers du Tastevin sont apparus en 1934, en pleine récession du marché des bourgognes*. Ce modèle du genre jouit d'un prestige international, décerne un prix littéraire et un label de qualité à une sélection de vins dits « tastevinés ». Les Chevaliers de la Chantepleure ont été fondés à Vouvray en 1937. La très ancienne Confrérie Saint-Étienne d'Alsace*, ressuscitée après 1945 pour marquer la renaissance de tout un pays, sélectionne des vins dits « sigillés », anime des foires* au vin, dispose d'un beau musée et d'une riche œnothèque. Citons aussi la Jurade de Saint-Émilion, la Commanderie du Bontemps de Médoc et des Graves, celle du Bontemps de Sauternes et Barsac, et l'ordre des Coteaux de Champagne*, véritable « ambassade » forte de plus de sept mille membres dans le monde. TT

### ■ Consommation

La tendance générale est de consommer moins et mieux. Ainsi, la multiplication des livres et des magazines consacrés au vin témoigne de l'intérêt accru pour le sujet, et la production* de grands crus ne parvient pas à répondre à la demande (voir Prix). Dans le même temps, les chiffres montrent une baisse assez régulière de la consommation globale dans le monde : elle est passée de 285 746 000 hectolitres en 1980 à 215 260 000 hectolitres en 1994, soit un recul de presque 25 %. Depuis, on a constaté une légère hausse suivie par une stabilisation de la consommation qui atteignait 223 225 000 hectolitres en 1996.
Les premiers pays producteurs du monde conservent la plus importante consommation de vin par habitant et par an : en 1996, la France se maintenait en tête avec 60 litres, suivie de près par l'Italie* (59,4 litres), le Portugal (58,5 litres) et l'Espagne* (37,7 litres).
La baisse de la consommation générale a provoqué un excé-

Comté et verre de Château-Chalon.

dent de vin. Aujourd'hui, la stratégie des producteurs est de développer les marchés dans des pays qui ne sont pas traditionnellement consommateurs de vin, comme les États-Unis* et la Chine.

Une autre démarche, à une échelle beaucoup plus modeste, consiste à encourager les amateurs dans le cadre d'associations ou de clubs, et à initier les plus jeunes, à l'instar de la Fédération des jeunes amis du vin. ER

### ■ Cuisine

Dans l'Antiquité*, les cuisiniers grecs ou romains utilisaient déjà le vin pour relever les plats. Associé à l'huile et à la saumure, bouilli avec herbes et safran, aromatisé* d'épices, réduit et adouci de miel, on le trouve partout. Il attendrit les viandes dures, dessale les chairs conservées dans la saumure, purifie, lie, rehausse les saveurs.

Cet héritage est recueilli au Moyen* Âge, comme en attestent les marinades, potages, gelées, sauces, pâtisseries et compotes du *Mesnagier de Paris* (1392). La tradition romaine de l'aigre-doux se perpétue : vinaigre* et verjus (suc extrait de raisins verts conservés dans le sel ou le vinaigre) sont de la partie. À l'époque classique*, le vin continue d'inspirer cuisine bourgeoise et plats régionaux. Les codes se fixent : « à la bourguignonne » signifie vin rouge*, « à la dieppoise », crème et vin

# CYCLE VÉGÉTATIF

blanc*, etc. Il existe des plats populaires (matelotes, civets, ragoûts) et d'autres plus distingués, apprêtant coq, lamproie, écrevisses ou lièvre, et faisant appel à de grands vins tels que Banyuls, vin jaune, Médoc ou Chambertin.

Et aujourd'hui ? Considérablement allégée, la cuisine contemporaine n'a en rien banni le vin, au contraire. À ses mérites gastronomiques se sont ajoutées des considérations diététiques (voir Santé) : il permet de diminuer le sel et les matières grasses, l'alcool s'évapore à la cuisson, les tanins facilitent la digestion. Encore faut-il éviter de verser dans les casseroles des fonds de bouteilles* par trop calamiteux... sans pour autant gaspiller de vieux millésimes* dans les sauces. Quant aux accords des mets et des vins, ils sont innombrables ; certains jouent sur l'harmonie, d'autres sur le contraste. En cas de doute, on se trompe rarement en mariant un plat régional au vin de la même région. De toute manière, la préférence personnelle est reine et les essais font partie du plaisir. Oublions aussi certains préjugés : les vins rouges légers s'accordent très bien avec certains plats de poisson ; la plupart des fromages s'harmonisent nettement mieux avec un vin blanc ; le champagne* au dessert, c'est mortel, sauf s'il tire sur le demi-sec ; et vive le Muscat d'Alsace* sur les asperges ! À vous de jouer. TT

### ■ Cycle végétatif

Sous certaines latitudes d'Amérique* du Sud, la vigne fructifie en permanence mais s'épuise rapidement. Dans nos régions tempérées, les saisons sont marquées, et la vigne suit un cycle végétatif annuel dont le calendrier précis dépend du sol* et du « climat* » particulier à chaque vignoble.

On peut considérer comme point de départ de ce cycle la formation, après la taille, de gouttes d'eau sur les plaies de la vigne, vers février/mars. C'est le premier signe visible de la reprise d'activité des racines de la plante, liée au réchauffement du sol. Dès que la température moyenne dépasse une dizaine de degrés durant plusieurs jours, en mars/avril, les bourgeons commencent à croître. Bientôt on voit sortir leurs pointes vertes : c'est le débourrement.

La phase de croissance dure environ quatre mois. L'apparition des feuilles est suivie par celle de grappes rudimentaires qui fleurissent au mois de juin. Les fleurs fécondées laissent ensuite la place à de petits grains : c'est la nouaison. Les grappes resteront vertes et très acides jusqu'à la véraison, c'est-à-dire le changement de couleur

des baies, signe de leur mûrissement qui se produit généralement en août. Il est à noter que, durant toute cette période, le développement du rameau et des feuilles est en concurrence avec les grappes pour l'utilisation des sucres créés par photosynthèse dans les feuilles.
À partir du mois d'août et jusqu'à la chute des feuilles, les rameaux encore verts tendent à se transformer progressivement en bois (lignification) et à mettre en réserve de l'amidon. Après la vendange*, la vigne perd ses feuilles. Grâce à l'amidon stocké, elle résistera au froid hivernal durant sa période de repos et sera en mesure d'accomplir un débourrement normal au printemps suivant.
DLCDF

### ■ Débouchage et température de service

Équilibre est le mot clé pour définir un bon vin : équilibre du fruit, de l'acidité, de l'alcool, des tanins, etc. Une température et une aération idéales créent les conditions pour l'expression harmonieuse de ces éléments.

La température de service est cruciale. Trop froide, et les arômes sont bloqués, trop chaude, et l'acidité ou l'alcool domine et déséquilibre le vin, le rendant acerbe ou pataud. Les consignes classiques sont : entre 8 et 10 °C pour les vins blancs* et les vins rosés* (mais entre 12 et 14 °C pour certains grands vins blancs) ; 11 ou 12 °C pour les vins rouges* légers, souples et fruités, sans charge importante de tanins ; 14 à 16 °C pour les vins du Rhône* et de Bourgogne*, et 16 à 18 °C pour les vins du Bordelais*.

Les consignes concernant l'aération dépendent également du caractère du vin et de l'intensité de son expression. Bien que la pratique soit répandue, le débouchage de la bouteille* longtemps avant sa dégustation* n'a pratiquement aucun effet d'oxygénation, la surface de contact entre l'air et le liquide étant trop petite. Pour les vins souples et fruités, marqués par l'arôme primaire des cépages*, un débouchage juste avant le service est normalement suffisant.

Un passage en carafe* peut être bénéfique aux vins rouges et même aux vins blancs engourdis dans l'espace réducteur de la bouteille. Il peut être nécessaire pour ceux qui présentent un dépôt important ; à faire délicatement et à la dernière minute pour les vins très vieux, afin de ne pas heurter leur fragile bouquet. ER

# DÉGUSTATION

## ■ DÉGUSTATION
### Place aux sens

Ne pas accorder un minimum d'attention à un vin avant de l'avaler, c'est se priver de plaisirs essentiels. Il existe des écoles et même des universités qui enseignent l'art de déguster. Colette en résume les grandes règles : « C'est l'instant de se taire, de lever vers la voûte un verre* pansu, à l'issue resserrée ; l'œil d'abord, le nez ensuite, la bouche enfin… » Le silence permet de mieux se concentrer. La lumière du jour est préférable à la voûte d'une cave*, et le verre doit être adapté.

Place aux sens. D'abord, on examine la « robe » : intensité et nuances de la couleur, limpidité, brillant. Ensuite, on respire le vin. Notre nez nous avertit de toute anomalie et nous ouvre un vaste univers sensoriel. Trois étapes : une première inspiration ; une deuxième après avoir fait tournoyer le vin dans le verre, ce qui développe les arômes ; une troisième s'impose plus tard, car le « nez » du vin évolue.

On différencie les arômes primaires (liés au cépage*), secondaires (liés à la vinification*) et tertiaires (le « bouquet », résultat de l'évolution du vin). Ces arômes forment des familles olfactives : fleurs, fruits, épices, odeurs animales (gibier, musc), végétales (foin, humus, truffe), balsamiques (résine, pin) ou empyreumatiques (fumé, grillé, goudron, café), sans oublier les odeurs « ennemies » (soufre, acétone, etc).

En bouche, nos papilles vont percevoir l'« attaque » du vin, son équilibre (entre acidité, tanins et alcool), sa longueur et toute une gamme de sensations tactiles et gustatives. La communication s'établit avec les fosses nasales (rétro-olfaction) et ces impressions sont renforcées par l'aspiration en bouche d'une petite quantité d'air. Le dégustateur peut alors recracher, l'amateur avaler. C'est le moment d'en parler (voir Vocabulaire). TT

# DIONYSOS

## ■ Dionysos

Fils de Zeus et de Sémélé, une princesse thébaine, il est l'unique dieu grec dont les parents n'étaient pas tous deux divins. Cette ambivalente origine affirmait d'entrée le lien sacré qui unirait la terre aux cieux par le vin. Né du feu qui mûrit la grappe et de la pluie qui nourrit le plan, Dionysos avait une double nature, cruel et bienveillant à la fois. Son culte, lui aussi, oscillait entre la fête, cette liberté joyeuse et grisante, et le drame, sauvagerie de l'enivrement. Dieu tragique et idolâtré, il vivait au rythme de la vigne, il incarnait la vigne et le vin.

Trouvant un jour un bout de bois sur son chemin, Dionysos l'abrita dans un os d'oiseau qu'il introduisit dans un os de lion puis dans celui d'un âne. Plantant le tout à Náxos, il fit naître la première vigne dont le vin tout d'abord fait pépier l'homme comme un oiseau, puis lui donne la force d'un lion, mais finalement le rend bête comme un âne. La nature du vin est donc également double. Bénéfique et délicieux, ce subtil breuvage réchauffe le cœur de l'homme, lui insufflant courage et confiance en soi. Dans la folie de l'ivresse*, destructeur et tyrannique, il annihile toute volonté.

En hiver, à l'arrivée du froid, Dionysos mourrait de façon horrible, mis en pièces par les Titans. Tel le cep dépouillé, ce pitoyable moignon, il semblait condamné. Au printemps, têtu, il revenait à la vie et était fêté comme aucun autre. Comme Jésus, Dionysos était le symbole du sacrifice et de la résurrection, de la mort et du renouveau (le vin est également identifié au sang du Christ – voir Eucharistie). PÉD

Philippe Mercier (1689-1760), *Le Jeune Dégustateur*. H/t 50 × 67. Paris, musée du Louvre.

*Dionysos à bord d'un navire.* Détail d'une coupe à figures noires d'Exékias, VIᵉ siècle av. J.-C. Munich, Staatliche Antikensammlungen und Glyptothek.

# DIX-NEUVIÈME

■ **Dix-neuvième siècle**

Paysans et ouvriers s'habituent à consommer régulièrement du vin, les exportations se développent. Pour répondre à la demande, on plante, souvent dans des endroits peu propices. On favorise les cépages\* à gros rendement et les hybrides, on engraisse les sols\*. Les plaines du Midi fournissent des vins légers, remontés à l'alcool. Les négociants utilisent baies de sureau, jus de myrtille, caramel ou tisanes de réséda pour apporter couleur et arôme aux pâles breuvages qui font leur fortune – tout comme les importations de vin bon marché d'Espagne\*, d'Italie\* ou d'Algérie.

Cependant, les « vins fins » de l'élite se différencient toujours davantage et savoir boire est plus que jamais un signe de distinction. En 1855, le classement\* basé sur les prix\* des vins de Bordeaux\*, présentés à l'Exposition universelle de Paris, officialise la hiérarchisation des crus entamée dès 1740. En ce siècle de sciences, on étudie les cépages, on mesure la densité des moûts, la température des cuves. Après avoir mis en relief le rôle des levures, Louis Pasteur réussit en 1865 à empêcher, par chauffage, les fermentations\* bactériennes nuisibles. À la fin du siècle, Hermann Müller-Thurgau démontrera le bien-fondé du sulfitage.

En dépit des prédateurs et des maladies\* qui sévissent périodiquement, l'expansion de la vigne continue jusqu'en 1875. Les ravages du phylloxéra entraînent alors la destruction puis la restructuration du vignoble français. Bordelais, Bourgogne\* et Champagne\* plantent des porte-greffes et surmontent assez rapidement la crise. En revanche, la vigne disparaît en Bretagne, en Normandie et en Picardie, et régresse fortement autour de Paris et dans l'Ouest vendéen. En 1893, la France a perdu un tiers de ses vignobles, mais la récolte est pléthorique. Une crise de mévente s'amorce, qui conduira à l'explosion de 1907. TT

### ■ Domaine, clos et château

Aucun de ces termes ne constitue en soi une preuve d'origine, encore moins une garantie de qualité. Ils s'assimilent en fait à des noms de marque.

Au Moyen* Âge, le « clos » est un vignoble d'un seul tenant, entouré de murs et appartenant généralement à un monastère. Dès le XII<sup>e</sup> siècle, en Bourgogne*, les cisterciens commencent à élever des murs autour des vignes qui leur semblent donner régulièrement des vins dotés d'un caractère distinct. Outre le Clos de Tart, le Clos du Chapitre et le Clos de Bèze, leur chef-d'œuvre reste le Clos de Vougeot. En 1336, ce dernier forme le plus vaste

# DOMAINE, CLOS ET CHÂTEAU

vignoble de Bourgogne (50 hectares). À la Révolution*, les biens de l'Église sont confisqués et morcelés. Pourtant, la notion de clos se maintient et a récemment inspiré des étiquettes* prestigieuses, telle celle du Clos du Mesnil en Champagne*.

La dénomination « château » est d'inspiration bordelaise*. En 1850, elle était utilisée par une cinquantaine d'exploitations, en 1983, par plus de quatre mille. Cette multiplication est l'œuvre des négociants, conscients du caractère valorisant de ce mot. En principe, l'expression désigne une entreprise viticole individualisée, dotée de son propre chai de vinification*, et elle concerne un vin provenant uniquement de cette exploitation ; mais il existe des dérogations. Par ailleurs, on trouve aujourd'hui des « châteaux » dans tous les vignobles français, et le terme apparaît également sur des étiquettes de coopératives.

Quant à l'appellation « domaine », elle n'a aucun contenu historique ou juridique.

L'image d'un vin passe aussi par son nom et son étiquette. La tendance actuelle est à une personnalisation et une identification poussées à l'extrême, faussement assimilées à une sorte de

# DOUX NATUREL

garantie de qualité. Un nombre croissant de consommateurs souhaitent pouvoir rattacher un produit à son terroir* d'origine, à son producteur, voire à un coteau particulier. Pourtant, quelle que soit la dénomination, la qualité d'un vin se vérifie dans le verre*. TT

## ■ Doux naturel

Les vins doux naturels, ou VDN, sont des vins mutés*, produits à partir des cépages* *grenache*, *muscat*, *malvoisie* ou *maccabéo*, dans certaines aires d'appellations d'origine contrôlées du Sud de la France. Le mutage est effectué pendant la fermentation pour conserver une partie des sucres naturels du raisin. Il augmente la richesse alcoolique du vin, qui atteint entre 15 et 18° (donc moins que les Portos qui titrent à 20°), et donne un velouté en bouche et une grande richesse aromatique, allant de notes de miel, de menthe, et d'agrumes pour les blancs* à celles, plus complexes, d'épices, de figues et de cacao pour les rouges*.

Deux méthodes d'élevage* laissent leur marque sur la saveur particulière des VDN rouges. Pour la catégorie « rimage » ou « vintage », le vin est élevé en milieu réducteur, à l'abri de l'air (comme un vin sec), afin de lui conserver une robe foncée et un fruit rouge, vif et épicé. L'autre méthode, la plus utilisée, recherche l'oxydation : le vin est élevé au contact de l'air, dans des fûts en vidange, parfois exposé au soleil, dans des bonbonnes en verre. Le style « rancio » qui en résulte se caractérise par une robe acajou et un fruit confit, avec des notes de noix et de torréfaction.

La majorité des VDN blancs sont produits dans le Languedoc* et le Roussillon : ce sont les muscats de Frontignan, de Lunel, de Mireval, de Saint-Jean-de-Minervois, de Rivesaltes... Mais la vallée du Rhône* se distingue par un exemple particulièrement mielleux : le muscat des Beaumes-de-Venise.

Quant aux rouges, le *grenache noir* cultivé sur les terroirs schisteux de Maury et de Banyuls, dans le Roussillon, donne des vins de caractère et d'équilibre qui rivalisent avec les Portos. Moins connu est le VDN rouge de l'AOC Rasteau, dans le Sud du Rhône, également vinifié à partir du *grenache*. ER

## EFFERVESCENT : les bulles en émoi

Le plus souvent, les vins effervescents sont obtenus en enfermant dans une bouteille* épaisse un vin de base auquel on ajoute du sucre et des levures qui provoquent une seconde fermentation*. Le gaz carbonique formé ne pouvant s'échapper, il reste dissout dans le vin et formera la mousse lors de l'ouverture de la bouteille. Si la pression obtenue est supérieure à 3 atmosphères on parle de « mousseux », en dessous de « pétillants » (qui présentent, en général, peu d'intérêt).

La méthode champenoise, qui reste le modèle, suit des règles rigoureuses depuis la vendange* jusqu'à la maturation en cave. La vinification* s'effectue en deux temps : la fabrication du vin de base, plutôt acide et léger, puis la seconde fermentation, en dosant le sucre de façon à atteindre 6 atmosphères. Il faudra ensuite placer les bouteilles sur pupitres, les remuer chaque jour pour faire descendre les dépôts vers le goulot, et enfin les « dégorger » (éliminer les dépôts accumulés contre le bouchon) puis ajouter une « liqueur d'expédition » (vieux vin et eau-de-vie) plus ou moins chargée en sucre en fonction du type de champagne* souhaité : extra-brut, brut, demi-sec ou sec.

L'ensemble de ce processus peut également être réalisé en gros contenant, à l'exemple des vins mousseux produits en « cuves closes », mais il donne alors des résultats de qualité inférieure. Enfin une méthode plus simple, dite « ancestrale », consiste à mettre en bouteille le vin de base avant la fin de la fermentation naturelle qui se prolongera alors à l'intérieur. C'est ainsi que sont produits Gaillac, Clairette de Die et Blanquette de Limoux. DLCDF

Bouteille de champagne maintenue tête en bas avant dégorgement.

Soutirage d'une barrique dans la cave Domecq, à Jerez (Andalousie).

## Élevage

Le vin « nouveau », issu de la fermentation*, est loin d'avoir développé toutes ses qualités. À ce stade commence l'élevage qui pourrait être défini comme l'art de conduire le vin à son épanouissement optimum avant la mise en bouteille*.

Pour les vins les plus simples, l'élevage débute souvent, après la fermentation malolactique, par un premier soutirage destiné à séparer le vin des lies (particules en suspension, plus ou moins fines, qui tombent progressivement au fond), et s'achève par un séjour en cuve jusqu'à l'année suivante. Le Muscadet constitue un cas particulier puisqu'il est « élevé » sur ses lies afin de conserver un maximum de fraîcheur.

Durant l'élevage, diverses techniques de clarification sont utilisées pour rendre le vin conforme aux critères de pureté et de netteté exigés par les consommateurs* : la centrifugation élimine les levures ; la stabilisation par le froid provoque la précipitation tartrique en petits cristaux qui se déposent au fond du fût ou de la cuve, retirés ensuite par filtration ; le collage au blanc d'œuf ou à la

# ESPAGNE

colle de poisson précipite les particules en suspension ; le soutirage, enfin, consiste à transférer le vin dans une autre cuve pour l'aérer, l'homogénéiser, éliminer le gaz carbonique restant et le séparer des dépôts obtenus par le collage.

C'est bien sûr pour les vins mis en fûts de chêne* – toujours après la fermentation alcoolique pour les rouges*, parfois avant pour les blancs* – que le terme d'élevage prend tout son sens. Chaque fût sera suivi individuellement. Il sera régulièrement « ouillé » (on rajoute du vin pour compenser celui évaporé ou absorbé par le bois du fût), « bâtonné » (on agite un bâton dans le fût pour remettre en suspension les lies qui nourrissent le vin) et « soutiré » d'un fût à l'autre afin d'être aéré.

Adapter ces gestes (apparemment simples) ainsi que leur fréquence à la nature du millésime* demande de l'habileté. De la qualité de l'élevage dépendra, en partie, la grandeur du vin. DLCDF

## ■ Espagne

Le pays de la vigne ! Un cinquième de la superficie viticole européenne mais guère plus de la moitié de la production* française. Les rendements sont faibles car les vignes sont généralement assez âgées et le climat* est dur, alternant hivers vifs et étés secs et torrides. Outre le Sud, réputé depuis longtemps pour son Xérès (un vin muté* très sec), deux régions sortent du lot, la Rioja et la vallée du Duero, qui toutefois ne font pas preuve du même dynamisme.

La présence française en Rioja, qui date de la crise du phylloxéra, a sûrement contribué à la production de vins de qualité. Les raisins, provenant généralement de toute la région (de la Rioja Alta pour les plus fins et de la Rioja Alevesa pour les plus riches) et de différents cépages* (*garnacha*, *graciano*, *tempranillo*, etc.), sont achetés aux vignerons par des négociants qui pratiquent des assemblages* afin d'assurer une qua-

Vignoble du domaine Vega Sicilia, vallée du Duero (Espagne).

# ÉTATS-UNIS

Vignoble de la Napa Valley (Californie).

lité la plus constante possible. L'élevage* excessif en fûts (jusqu'à 10 ans pour les Gran Reserva) correspond peut-être au goût des Espagnols mais est de plus en plus évité pour les vins destinés à l'exportation.
Deux appellations de la vallée du Duero ont récemment acquis une certaine réputation : les blancs* de Rueda savent rester fins grâce à un terroir* adapté ; les rouges* de Ribera del Duero, qui utilisent le cépage traditionnel *tinto del pais* ainsi que ceux de la région bordelaise* parviennent doucement à maturité grâce à des nuits fraîches – c'est ici que l'on trouve le célèbre domaine* Vega Sicilia. DLCDF

### ■ États-Unis

Les États-Unis occupent une place à part dans le paysage vinicole international. Quatrième producteur mondial, proche du peloton de tête (Italie*-France-Espagne*), il s'en éloigne par ses exportations négligeables en volume, si ce n'est en valeur. Le prix* élevé des vins américains en font un produit quasiment réservé à la consommation* intérieure. L'essentiel de la production* provient de l'État de Californie qui a toujours joué un rôle de leader depuis le temps des pionniers.
Les cépages* traditionnels, à l'exception du *zinfandel*, produisent des vins assez ordi-

# ÉTIQUETTE

naires. Les nouvelles plantations ont surtout recours aux cépages européens, comme le *cabernet-sauvignon*, le *merlot*, le *chardonnay* ou le *sauvignon blanc*, qui ont permis, avec l'aide de l'œnologie* et d'investissements importants, une amélioration spectaculaire de la qualité des vins.

Suivant la thèse de la célèbre université de Davis (proche de San Francisco) selon laquelle la température serait le seul facteur influant sur la qualité du raisin, cinq zones climatiques* ont été établies. Les deux plus ensoleillées ne pouvant produire des vins fins se sont consacrées aux vins de table et aux vins de liqueur (voir vin mutés). C'est bien sûr dans les trois autres zones que l'on trouve les célèbres régions de Napa et Sonoma Valley : la fraîcheur relative due à l'océan Pacifique y permet la production de grands vins, comparables aux meilleurs d'Europe.
DLCDF

## ■ Étiquette

L'étiquette est la carte d'identité d'un vin. Selon le pays ou la région d'origine, certaines informations sont obligatoires, d'autres facultatives. Au minimum, l'étiquette mentionne l'origine géographique, le responsable légal (producteur* ou embouteilleur), la capacité de la bouteille*, le degré alcoolique. Un vin millésimé* affichera, bien sûr, l'année de sa production, souvent sur une collerette. De plus en plus souvent apparaissent des termes qui ne garantissent aucunement la qualité intrinsèque du vin : « grand vin », « cuvée prestige », « vieilli* en fût de chêne* », « vieilles vignes », « vin non filtré », « vin biologique* ». Au mieux, ces expressions valorisent les soins particuliers accordés au vin afin de rassurer le consommateur*.

Une soif peut en cacher une autre, celle d'en savoir davantage. Une seconde notice, ou contre-étiquette, peut dresser le portrait du vin, précisant les dates et les conditions météorologiques des vendanges*, les techniques d'élevage*, et même donner des conseils concernant son service, les accords avec les mets (voir Cuisine), etc. Ces contre-étiquettes jouent un rôle pédagogique auprès des consommateurs peu avertis, sans parler des néophytes qui désirent être orientés et pour qui les mentions obligatoires sont aussi lisibles que des hiéroglyphes égyptiens. ER

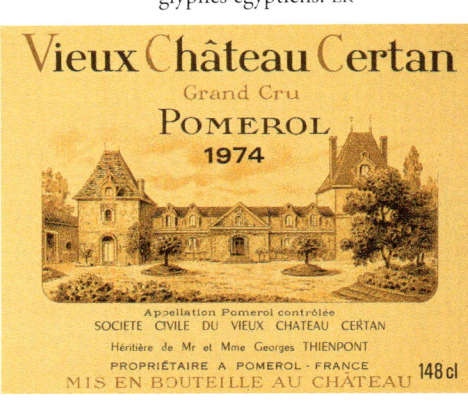

# EUCHARISTIE

Nardon Pénicaud, *Le Calvaire*. Émail sur cuivre, 32 × 24. Paris, musée national du Moyen Âge.

## ■ Eucharistie

Omniprésente dans l'Ancien Testament, la symbolique de la vigne et du vin s'enrichit encore dans les textes chrétiens.

Jésus, dont le premier miracle est de changer l'eau en vin lors des noces de Cana, déclare : « Je suis la vigne véritable et mon Père est le vigneron » (Jean, XV-1). Surtout, le vin est pour les chrétiens le sang même du Fils de Dieu depuis l'épisode de la Cène : « Il prit ensuite une coupe et, après avoir rendu grâces, il la leur donna, et ils en burent tous. Et il leur dit : Ceci est mon sang, le sang de l'Alliance, qui est répandu pour une multitude » (Marc, XIV-24). Autre image forte, souvent représentée dans l'art médiéval, celle du « Pressoir mystique » décrit par saint Bonaventure : « Le Christ, comprimé sur la croix comme une grappe sous le pressoir, a exprimé une liqueur qui est un remède à toutes les maladies. »

Indispensables à la célébration de l'Eucharistie, vigne et vin seront donc aussi choyés par les moines qu'ils l'étaient dans l'Antiquité\*. Au XIIe siècle cependant, l'Église romaine, soucieuse d'affirmer la supériorité hiérarchique du clergé sur les fidèles, réserve le vin du calice aux prêtres. Seules les Églises d'Orient conservent la communion sous les deux espèces. TT

# FOIRE AUX VINS

### ■ FERMENTATION : la furia des levures

Pour transformer un jus de raisin en vin, il faut le faire fermenter. La fermentation dite alcoolique désigne la transformation des sucres contenus dans le raisin en alcool (éthylique essentiellement) et en gaz carbonique. Toute une série de produits secondaires (glycérol, acides, alcools supérieurs, esters…) se forment plus ou moins simultanément et sont eux aussi absolument essentiels à la qualité du vin. Cette fermentation s'opère de façon naturelle, par l'action des levures présentes sur les grains de raisin, dans l'air, sur les cuves ; ou bien artificiellement, par l'adjonction de levures sèches sélectionnées par les laboratoires œnologiques*. Sa maîtrise est nécessaire pour obtenir un vin de qualité. De plus en plus souvent, les cuves sont équipées d'un matériel de thermorégulation qui permet de contrôler la vitesse de la fermentation : on peut ainsi déclencher ou accélérer la réaction en chauffant, l'empêcher ou la ralentir en refroidissant. Cette régulation est plus aisée dans les cuves en inox que dans les cuves traditionnelles en chêne*.

La seconde fermentation, dite malolactique, est caractérisée par l'action des bactéries lactiques qui provoquent la dégradation de l'acide malique en acide lactique. Elle a lieu le plus souvent au printemps et contribue à arrondir et à stabiliser les vins en diminuant leur acidité. On l'évite pour certains blancs* dont on souhaite préserver la fraîcheur, notamment dans la vallée du Rhône*. DLCDF

### ■ Foire aux vins

Depuis quelques années, l'événement de la rentrée dans la grande distribution est la foire aux vins. Réalisant à cette période jusqu'à 30 % de leur chiffre d'affaires concernant le vin, toutes les chaînes de magasins soignent leurs catalogues et leurs publicités alléchantes pour attirer une clientèle d'amateurs et de connaisseurs qui se rue dans les rayons à l'affût de la bonne affaire. Le premier jour connaît invariablement une telle bousculade pour les meilleurs lots que cela devient une foire d'empoigne. Car, trop souvent, les bons crus à prix* « sacrifiés » ne sont proposés

Fermentation dite malolactique, chai du domaine Castello di Ama, en Toscane.

# GAULE

Page précédente :
Beaune,
au moment
de la vente des
vins des Hospices.
Photographie
d'Henri
Cartier-Bresson.

qu'en quantité minuscule, parmi une foule de vins médiocres. Comme toujours, l'acheteur doit faire preuve de discernement.

Un tournant important est entrain de s'amorcer. La plupart des foires aux vins ont souvent concentré leur choix sur les crus bordelais – entre 50 et 100 % des vins proposés. Le client avait intérêt à en faire autant pour échapper aux vins mal sélectionnés des autres régions, comme la Bourgogne*. Suite au retour des bons millésimes* très recherchés (1995 et 1996) et à la flambée des prix des primeurs, de nombreux châteaux bordelais commencent à se détourner de la grande distribution afin de protéger leurs marges et leur prestige. Par conséquent, il y aura dorénavant moins de crus prestigieux, plus de « seconds vins » et moins de prix intéressants. Des nouvelles stratégies d'achat* devront se mettre en place au bénéfice d'une meilleure sélection des vins autres que les bordeaux*. ER

### ■ Gaule

Assis et non couchés, les Gaulois boivent du vin pur, avidement et sans philosopher : des barbares ivrognes, vilipendés par les auteurs gréco-romains. Leur « passion furieuse » enrichit les négociants – étrusques, grecs, romains – dès 650 av. J.-C. (voir Antiquité). Empruntant les voies navigables ou convoyés en chariots, du Rhône* jusqu'en Cornouailles et en Germanie, des flots de vin s'échangent au prix* fort, ce qui fait douter de l'existence d'une production* locale.

Les premiers ceps sont plantés par les colons phocéens près de Massalia (Marseille) vers 600 av. J.-C., mais c'est la conquête romaine (Ier siècle av. J.-C.) qui provoque le développement de toute une économie viticole. La Gaule narbonnaise se couvre de vignes, jusqu'aux escarpements brûlants d'Hermitage et de Côte-Rôtie, au nord, et à la région de Gaillac, à l'ouest.

Deux siècles plus tard, la découverte par des peuples romanisés

*Automne, le foulage du raisin*. Fragment de mosaïque provenant de Saint-Romain-en-Gal, début du IIIe siècle ap. J.-C. Saint-Germain-en-Laye, musée des Antiquités nationales.

# GUINGUETTES

de cépages* plus résistants permet une nouvelle extension vers le nord (grâce à l'*allobrogica*, ancêtre probable de la *syrah* et de la *mondeuse*) et l'ouest (grâce au *biturica* dans le Bordelais*). L'édit d'arrachage publié par Domitien en 92, afin de favoriser les vins et les commerçants romains, n'est guère suivi. Il n'empêche pas la création du vignoble bourguignon* vers l'an 200. En 280, Probus abroge cet édit, et la vigne repart à l'assaut de toute la Gaule.
Du goût de ces vins gaulois, on ne sait presque rien… hormis son succès, y compris à Rome. TT

### ■ Guinguettes

Les premières guinguettes apparaissent aux portes de Paris vers 1650. Quand il veut vider une chopine, le petit peuple des villes se presse dans ces sortes de cabarets hors les murs, souvent dotés d'une cour arborée où l'on peut boire et manger à la belle saison. Le vin y est peu cher car exempt de l'octroi ; instaurée au Moyen* Âge, cette taxe d'entrée en ville, qui frappe personnes et marchandises, ne cesse de s'alourdir.
À Belleville ou à Vaugirard, « sous deux ais de bateau, sans nappes, ni serviettes », on sert à moitié prix* le petit vin d'Asnières ou d'Argenteuil, jugé « aigre, dur et détestable » par Louis-Sébastien Mercier dans *Le Tableau de Paris* (1781-1788). Cela n'empêche pas « petits bourgeois, artisans et grisettes »

> « Voir Paris, sans voir la Courtille,
> Où le peuple joyeux fourmille,
> Sans fréquenter les Porcherons,
> Le rendez-vous des bons lurons,
> C'est voir Rome, sans voir le pape […].
> Alors, toute la troupe mange
> Comme un Diable et boit comme un Ange.
> À ta santé, toi. Grand merci :
> J'allons boire à la tienne aussi. »

Jean-Joseph Vadé, *La Pipe cassée*,
poème épitragipoissardihéroïcomique, 1755.

Vincent Van Gogh, *La Guinguette à Montmartre*, 1886. H/t 49 × 64. Paris, musée d'Orsay.

# ITALIE

de s'y ruer joyeusement. Même chose aux portes de Lyon, au pied des remparts de Metz et tout au long de la route d'Italie*. En 1760, à La Courtille, le cabaretier Ramponeau devient célèbre et fait fortune en vendant un vin « buvable » un sou moins cher qu'ailleurs. En 1789, Charonne compte cent deux cabarets. Jeu, danse, prostitution, rixes, recel y sont des activités fréquentes. L'Église fulmine, les autorités sévissent, mais rien n'y fait. Le peuple vient oublier sa misère au cabaret, et le vin lui est devenu un aliment indispensable.

Aujourd'hui, le mot guinguette suscite un élan de nostalgie délicieuse, mêlant les toiles des impressionnistes, les danseurs des bords de Marne, le noir et blanc du cinéma français d'avant et d'après-guerre, Casque d'Or en robe du dimanche et Jean Gabin chantant « Quand on s'promène au bord de l'eau… » La guinguette survivra longtemps encore dans l'imaginaire français. TT

Méthode du passerillage (les grappes sont mises à sécher après la récolte), cave d'Avignonesi, producteur de Vino Santo, en Toscane.

## ■ Italie

L'Italie est, avant la France et loin devant l'Espagne*, le plus gros producteur* mondial de vin avec environ 60 millions d'hectolitres. Le climat*, uniformément chaud mais tempéré par les mers, donne des millésimes* moins variés qu'en France, mais permet à chacune des vingt régions italiennes de produire du vin. Seules quelques-unes d'entre elles misent sur la qualité, avec un contrôle des rendements et l'introduction de méthodes comme le contrôle des températures et le vieillissement* en fûts de chêne*.

La classification* italienne, à l'instar de celle utilisée en France, répartit quelque 500 vins suivant une hiérarchie qui va de la Denominazione di Origin Controllata (environ 15 % de la production) aux vins de pays ou de table. Parmi environ 230 appellations, 13 sont « contrôlées », le vin devant être mis en bouteille* dans la région d'origine et soumis à une dégustation* d'agrément. Si ces derniers forment l'élite des vins italiens, les vins de table, souvent audacieux, réservent de belles surprises.

Le Piémont est le berceau des puissants Barolo et Barbaresco, vins rouges* de garde, issus du grand cépage* *nebbiolo*, qui ont acquis une notoriété internationale malgré la faiblesse de leur

production. Également du Piémont, l'Asti Spumente est le plus connu des vins mousseux du pays.
La deuxième région réputée est la Toscane. Ses grands vins sont produits majoritairement à partir du cépage *sangiovese*. C'est au sud de Florence que l'on fabrique le Chianti, célèbre depuis le XIIIe siècle (mais de qualité très variable), et, plus loin, le Brunello di Montalcino et le Vino Nobile di Montelpuciano, justement reconnus aujourd'hui. DLCDF

## ■ Ivresse

Le vin enivre, l'homme le sait depuis toujours. Pendant des millénaires, le vertige de l'ivresse a été sacré : par lui, l'homme rejoignait les dieux.
La Bible et le christianisme, au contraire, ont condamné l'ébriété : source de joie, le vin « mord comme un serpent » (Prov. 23) dès que l'on en abuse, poussant à la débauche et au crime.
À la Renaissance*, Bacchus cesse pourtant d'être diabolisé, et les poètes chantent l'ivresse créatrice. Rois et princes étant souvent de grands buveurs, l'Église doit composer : elle continue de condamner l'abus de vin, mais admet le goût pour ceux de qualité. Au XVIIIe siècle, le péché d'ivresse est devenu plus véniel que mortel.
Au XIXe siècle*, le regard porté par la société sur l'alcool change : l'excès prend un nouveau nom dans l'ouvrage *Alcoolismus chronicus* (1849) du médecin suédois Magnus Huss. L'ivrogne incarne un danger social, et l'ivrognesse, le comble de la déchéance. La médecine progresse, une loi de 1873 réprime l'ivresse publique. Mais, pour une large majorité de consommateurs*, le vin n'est pas concerné. L'ébriété bon enfant reste une vertu nationale, et le vin, un aliment économique, nécessaire à l'ouvrier.
Aujourd'hui, les données ont changé, non le débat. L'alcoolisme continue de tuer – sur les routes et ailleurs – mais, pour ses partisans, le vin reste une source de joie et une marque de civilisation. Quand la qualité prime sur la quantité, le véritable danger n'est pas dans les vignes. TT

*L'Après-dînée des Anglais*. Planche extraite des *Scènes anglaises dessinées à Londres par un français prisonnier de guerre*, v. 1810. Paris, Bibliothèque nationale de France.

# ■ JURA ET SAVOIE

Le Jura et la Savoie ont acquis une grande réputation malgré la petite taille de leur vignoble, d'environ 2 000 hectares chacun. Le premier grâce à un authentique grand vin que chaque amateur devrait apprendre à mieux connaître : le vin jaune. Le second, plus prosaïquement (il faut le reconnaître), depuis la vogue du ski et l'apparition des appareils pour fondue et raclette.

Vignoble indescriptible par la complexité de son système d'appellation, la Savoie offre surtout des blancs* légers et acides, que l'on boit en général très frais pour accompagner les plats un peu lourds à base de fromage. Mais l'amateur exigeant pourra aussi s'intéresser à deux vins qui peuvent être exceptionnels, la Mondeuse (en particulier d'Arbin) en rouge*, et le Chignin-Bergeron (issu du cépage* rhodanien *marsanne*).

Le vignoble du Jura se situe pour l'essentiel dans le Revermont et se répartit entre quatre appellations. Les Côtes-du-Jura courent du nord au sud du département, le long du premier plateau du Jura. Exposées à l'est, elles sont à l'abri du rude climat* des hauts plateaux. L'aire d'Arbois s'étend autour de la capitale viticole du même nom et produit, comme les Côtes-du-Jura, du rouge, du rosé*, du jaune et du blanc, ainsi que des mousseux. Celle de l'Étoile se

Vin de paille et vin jaune.

Vignoble des Abymes de Myans, en Savoie.

consacre uniquement aux blancs tandis que la dernière, celle de Château-Chalon, est vouée au vin jaune.
Les vins blancs produits à partir du *chardonnay* peuvent être fins et minéraux mais c'est surtout grâce à l'assemblage* avec un cépage typiquement jurassien, le *savagnin*, qu'ils donnent leur expression la plus originale. Le vin jaune, qui prend le nom de Château-Chalon quand il est produit autour de ce village, provient d'ailleurs exclusivement du *savagnin* et est obtenu après un vieillissement* de plus de six ans en fût. Une fois mis dans sa bouteille* originale, le clavelin, il est quasiment immortel (c'est, par excellence, le vin à mettre en cave* pour la naissance des enfants).
Les vins rouges proviennent du *poulsard* et du *trousseau* et peuvent, lorsqu'ils ne sont pas assemblés avec du *pinot noir*, donner des vins assez fins et en tout cas originaux.
Enfin le vin de paille, souvent confondu avec le vin jaune, est un liquoreux* obtenu par dessèchement des grappes (quelquefois sur un lit de paille, d'où son nom) placées deux ou trois mois dans un grenier aéré. Il peut être comparé aux meilleurs Tokay hongrois. DLCDF et PÉD

# ■ LANGUEDOC-ROUSSILLON

Calés le long de la mer Méditerranée, entre Arles et Banyuls, les vignobles du Languedoc et du Roussillon datent, pour les plus anciens, de l'époque de la Grande Grèce (voir Antiquité). Stimulé par une demande croissante au siècle dernier, le vignoble descendit des coteaux, gagna la plaine et multiplia ses vins. Avec l'arrivée du chemin de fer, la région se transforma en fournisseur de « gros rouge* » à bas prix* et acquit une triste réputation dont elle souffre encore aujourd'hui, à tort. En effet, depuis une dizaine d'année, le Languedoc est en pleine renaissance, et nombreux sont les acheteurs étrangers, y compris les plus connus, qui viennent faire leur marché dans cette « Californie française ».

Il est vrai qu'avec plus de 10 % de la production mondiale, une exceptionnelle diversité de sols* (schistes, graves, argilo-calcaire, alluvions, etc.) et de cépages*, des coûts de production raisonnables et une réglementation peu contraignante, le Languedoc-Roussillon ne manque pas d'atouts. La diminution de cépages productifs comme l'*aramon* (dont le rendement avoisine les 200 hectolitres à l'hectare) au profit de cépages plus nobles comme la *syrah* et le *grenache*, le *cabernet* et le *merlot*, ou encore le *mourvèdre*, est l'un des facteurs essentiels de cette révolution. L'importante surface du vignoble et la variété des cépages a pu ainsi répondre rapidement à la vogue des vins de cépage initiée par les nouveaux pays producteurs. Enfin, l'apparition de cuvées de qualité exceptionnelle, souvent produites par des picniers, a montré que la région pouvait produire de grands vins rouges, redonnant la foi à des viticulteurs tentés par l'arrachage.

Vignes de Périllos, Côtes du Roussillon.

Aujourd'hui les Coteaux-du-Languedoc ouvrent la voie, suivis par le Saint-Chinian, le Minervois et les Côtes-du-Roussillon. Les Corbières, encore rustiques, cherchent leurs marques tandis que le Fitou et le Collioure semblent immuables. Un peu à part, les vins doux* naturels, qui manquent quelquefois de finesse par excès d'alcool et de sucre, peinent à sortir de la crise, en particulier à Rivesaltes. DLCDF et PÉD

# LIQUOREUX

### ■ Liquoreux

La dénomination de vin liquoreux est généralement réservée aux blancs* présentant 50 g de sucre résiduel par litre (en dessous, il s'agit de vin moelleux), obtenus naturellement, sans chaptalisation ni mutage. Il existe deux catégories de vins liquoreux, ceux produits avec des raisins surmaturés (ou passerillés) et ceux issus de raisins atteints de pourriture noble.

Dans le premier cas, il s'agit d'une vendange* tardive : le raisin reste plus ou moins longtemps sur le cep après sa maturité. Si l'arrière-saison est belle, les baies se déshydratent et concentrent ainsi leur sucre. Ce procédé donne le Jurançon (voir Sud-Ouest), l'Alsace*-vendange tardive ainsi que l'Eiswein allemand*.

Dans le second cas, les raisins sont attaqués par un champignon microscopique, le *Botrytis cinerea,* quand le soleil d'automne succède aux brouillards matinaux. En général, les grappes sont atteintes de façon très irrégulière, nécessitant des vendanges manuelles successives sur une période de plusieurs semaines. La pourriture noble accélère le dessèchement des grains et provoque toute une série de réaction notamment la production de glycérol (qui augmentera l'impression d'un vin gras) et de molécules très diverses (qui donneront ultérieurement des arômes de miel et de caramel). Les Sauternes, les Alsace-sélection de grains nobles ou les TBA allemands appartiennent à cette catégorie.

La qualité d'un vin liquoreux tient à l'équilibre entre sucre et alcool, mais aussi à la présence d'un belle acidité qui l'empêche d'être pâteux et lourd. DLCDF

### ■ Littérature

De Homère à Baudelaire, la mer est « couleur de vin », et l'âme du vin chante dans les bouteilles*. Au XIII$^e$ siècle, la *Bataille des vins* du trouvère Henri d'Andeli établit en octosyllabes la hiérarchie des vins d'honneur – Muscat de Chypre en tête – servis aux banquets de Philippe Auguste. Plus tard, Paul Claudel proclame le vin « fils du Soleil et de la Terre [...], libérateur de l'esprit et illuminateur de l'intelligence ». Dans de nombreuses civilisations, le vin a inspiré les écrivains – poètes ou philosophes, dramaturges ou romanciers. Au fil de ses lectures, l'amateur trouve ainsi des compagnons de tous les siècles avec qui partager son plaisir. Cependant, s'il fallait couronner de pampres deux noms de la littérature française,

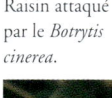

Raisin attaqué par le *Botrytis cinerea.*

« *Au profond de la terre, dans la cave aux bouteilles, reposent les fruits de tant de soins : flacons jeunes, lisses, fioles millésimées, aînées chenues, habillées lentement d'une fourrure impalpable, grise et blanche comme le duvet qui frémit sur le corps des bombyx nocturnes. Le maître de céans décoiffe l'une de celle-ci : c'est l'instant de se taire, de lever vers la voûte un verre pansu, à l'issue resserrée ; l'œil d'abord, le nez ensuite, la bouche enfin…* »

Colette, *Prisons et Paradis*, 1932.

Étienne Jeaurat (1699-1789), *Le Poète Piron à table avec ses amis Vadé et Collé.* H/t 54,5 × 66,5. Paris, musée du Louvre.

Rabelais et Colette mériteraient un hommage particulier.
*In vino veritas*… De Gargantua, qui vient au monde en réclamant « à boyre, à boyre », à Pantagruel, dont la quête de sagesse s'achève dans le temple souterrain de la Dive Bouteille, le bon vin rabelaisien coule à flots, symbole de vie, de tolérance généreuse, de sincérité et de force créatrice. « Beuvez toujours, vous ne mourrez jamais » est le conseil de cet humaniste, aussi sage médecin que fou de mots. Plus sobrement, Colette exprime comme personne le mystère de la transmutation d'un sol* en « ce velours, cette flamme, ce suc parfait dans toutes ses proportions, plein d'arrière-pensées… ». Loin des outrances bachiques et des cuistreries modernes, loin aussi du vocabulaire* technique de la dégustation*, elle sait évoquer avec sensibilité les perceptions les plus subtiles. TT

## ■ LOIRE (VALLÉE DE LA)

Berceau de la Renaissance*, la Loire est un pays de grande tradition culturelle, gastronomique et œnologique*. De Nantes à Nevers en passant par l'Anjou et la Touraine, le grand fleuve irrigue « le jardin de la France », égrenant un chapelet de vignobles variés dont il est le seul trait d'union. Une gamme très diverse en résulte : rouges* et blancs*, secs et moelleux, primeurs et de garde…

En remontant le fleuve depuis la mer, on rencontre tout d'abord le Muscadet, vin nerveux issu du *melon de Bourgogne*\* qui développe ici un caractère particulier dû à l'alliance de roches sédimentaires et d'un climat* océanique régulier. Terroir* schisteux et souvent pentu, l'Anjou fait cohabiter rouges, blancs secs ou moelleux, rosés* secs ou, plus exotiques, doux. Mais cette région produit surtout les moelleux renommés que sont les Coteaux du Layon, le Quarts-de-Chaume et le Bonnezeaux. Lorsqu'ils ont été produits suivant les règles de l'art – vendanges* tardives, tris, pas de chaptalisation –, ils s'enrichissent avec le temps grâce à l'acidité du cépage* *chenin*.

Château et vignoble de Chinon.

Peinant sur la craie du tuffeau, les généreuses vignes du Saumurois et de Touraine donnent à partir du cépage *cabernet franc* (le même que dans le Bordelais\*) des vins rouges francs, au relief expressif et fruité, comme le Champigny et le Bourgueil, ou plus tanniques, avec de la mâche, tel le Chinon du pays de François Rabelais. « *Beuvez toujours, vous ne meurrez jamais* », l'ordonnance du père de *Gargantua* a précédé de cinq siècles la redécouverte des bienfaits du tanin par les sciences modernes (voir Santé). Les subtils Vouvray et Montlouis, fidèles compagnons des rillettes et rillons, expriment les arômes floraux du *chenin* de la Loire en version sec, demi-sec, moelleux et effervescent\*.

Plus à l'est enfin, presque au centre de la France, le climat devient continental. Autour de Sancerre et de Pouilly-sur-Loire, les vignerons travaillent le difficile *sauvignon*, qui règne en maître incontesté des blancs : vifs, aux arômes délicats et complexes quand le raisin est mûr (et donc les rendements maîtrisés), ces vins doivent être bus dans la fraîcheur de leur fruit. PÉD

# MALADIE

### 🟩 Maladie

Les vignerons français d'autrefois craignaient surtout la grêle et le gel. Ceux du XIXe siècle* ont découvert de nouveaux ennemis mortels pour les vignes.

En 1827, c'est un papillon, la pyrale. On en vient à bout en ébouillantant les ceps en hiver. En 1845, voici l'oïdium, champignon combattu par le soufre. En 1864, le phylloxéra est signalé dans le Gard. La larve de ce puceron, introduit en Europe sur des boutures importées des États-Unis*, détruit en quelques années plus de deux millions d'hectares. Après bien des essais, on trouve la solution : greffer les cépages* européens sur des vignes américaines qui résistent au puceron. Vers 1878, le champignon du mildiou accompagne l'importation massive de porte-greffes américains. Remède : la « bouillie bordelaise » à base de cuivre et de chaux. Ces fléaux à répétition sonnent le glas des vignobles marginaux et métamorphose la viticulture.

Ver de la grappe, court-noué, flavescence dorée, eutypiose, la liste est loin d'être close et aucun de ces dangers n'a disparu. Autre péril, les traitements excessifs : pour un nombre croissant de producteurs*, l'espoir réside aujourd'hui dans la « lutte raisonnée », plus respectueuse des équilibres naturels. Le dernier cauchemar en date est une nouvelle variété de phylloxéra qui détruit des vignes jusqu'ici immunisées.

Enfin, il faut citer un cas à part, le champignon *Botrytis cinerea*, qui provoque la « pourriture grise », mais parfois aussi la « pourriture noble » qui donne les grands vins liquoreux* comme les Sauternes. TT

### 🟩 Millésime

La culture de la vigne est un parcours semé d'embûches qui varient suivant les conditions climatiques* : les gelées du printemps, les maladies* et les parasites, trop ou pas assez de pluie ou de soleil, des vendanges* trop précoces ou trop tardives ; tous ces éléments peuvent compromettre la récolte de raisins mûrs et sains, l'indispensable matière première d'un grand millésime.

Arrachage de vignes infectées dans le Médoc, au début du XXe siècle.

Ainsi, le millésime indiqué sur l'étiquette*, c'est-à-dire l'année des vendanges, apporte une information plus complexe qu'on ne le croirait au premier abord. Il induit du même coup les conditions météorologiques, propres à chaque région, qui ont accompagné le cycle* végétatif des vignes jusqu'aux vendanges, entre septembre et octobre dans l'hémisphère Nord, entre février et avril dans l'hémisphère Sud. Il ne faut surtout pas tomber dans le piège d'évaluer tous les millésimes à l'aune de ceux du Bordelais*.

De nos jours, les vins de qualité sont presque toujours millésimés, à l'exception de la plupart des champagnes* qui sont issus d'un assemblage* de plusieurs années. ER

Château de Pommard, 1988.

*Les Chevaliers de l'Étoile à table.* Miniature extraite des *Grandes Chroniques de France*, v. 1356. Paris, Bibliothèque nationale de France.

### ■ Moyen Âge

Rescapée des invasions barbares, la vigne survit grâce à l'Église. De nombreux évêques entrent dans la légende viticole et chaque monastère possède son clos (voir Domaine). Il faut du vin pour la communion (voir Eucharistie), pour les moines et les malades, davantage encore pour les visiteurs et pour assurer des revenus à la communauté. D'où une floraison de nouveaux vignobles – autour de Paris et dans la vallée de la Loire* notamment – et l'abondance de références monastiques dans les noms de vin. Au XII$^e$ siècle, les cisterciens prennent la relève des bénédictins et œuvrent en Bourgogne*, Languedoc*, Béarn. Fruit de leurs observations, la notion de terroir* s'affine.

Il existe également une viticulture princière : après les Carolingiens, Capétiens et ducs de Bourgogne s'y distinguent. Au XIV$^e$ siècle, les meilleurs vins sont issus des *pinots fromenteau* (gris) et *noirien* (noir). En début et en fin de banquets, le vin circule dans une coupe commune, suivant un certain cérémonial. Après le repas, on sert les prestigieux vins doux*,

# MUTÉ

Malvoisie ou Muscat de la Méditerranée.

Jusqu'au XVI$^e$ siècle (voir Renaissance), les vins du Nord dominent, blancs* ou clairets. Sommairement foulés aux pieds, ils fermentent* en tonneaux, sont « collés » au miel ou au blanc d'œuf, soutirés, ouillés pour compenser l'évaporation. Ils se gâtent facilement et l'on recourt alors aux remèdes antiques* censés les améliorer : graines de fenouil, cendre de chêne* ou noix de galle.

Le peuple boit surtout de l'eau malsaine et de la « piquette », breuvage aigrelet à base d'eau fermentée avec les résidus de la vendange*. En ville, la demande dépasse l'offre, et les fraudeurs « allongent » le vin sans scrupule. Les plus chanceux possèdent quelques ceps et consomment* leur propre production*. Quel qu'il soit, le vin doit être bu rapidement : dès l'été suivant, il serait aigri. TT

### ■ Muté

Porto, Rivesaltes et autre Pineau des Charentes sont souvent considérés en France comme des apéritifs passe-partout. Il existe pourtant des vins remarquables dans cette gamme.

Le principe commun de fabrication est celui du « mutage » : on ajoute de l'alcool au moût de raisin, avant ou en cours de fermentation*. En fonction de la quantité ajoutée, le vin atteindra un degré alcoolique compris entre 15° et 22°. Il contiendra plus ou moins de sucre résiduel, suivant le moment où le moût a été muté. On appelle « mistelle » un moût frais muté à l'alcool non pur. C'est le cas du Pineau des Charentes (avec du cognac), du Floc de Gascogne (avec de l'armagnac), du Macvin du Jura* et du Ratafia de Bourgogne* ou de Champagne* (avec du marc de la région). Le résultat aura le fruité du moût de raisins (2/3) et la complexité de l'eau-de-vie (1/3).

Le vin doux* naturel est produit à partir d'un moût partiellement fermenté, muté avec de l'alcool pur, et doit provenir d'une aire d'AOC. Les plus connus sont les Banyuls, Rivesaltes, Maury et Muscats. Ils peuvent être millésimés* (*rimage* ou *vintage*), mis en bouteille* rapidement ou, au contraire, vieillis* longuement en foudre. Ils atteignent toutefois rarement la sophistication d'un Porto muté à l'eau-de-vie. Enfin, le Malaga, le Madère, le Xérès ou le Marsala sont des vins de liqueur moins connus en France, mais dont raffolent les Anglais pourtant exigeants. DLCDF

Pineau des Charentes, Segonzac.

*Esprit protecteur faisant une libation à un arbre sacré.* Bas-relief en pierre provenant du palais royal de Nimrud (Iraq), IXᵉ av. J.-C. Londres, British Museum.

### ■ Mythologie

Le thème de la boisson conférant l'immortalité – offerte par les divinités ou conquise par l'homme – se retrouve dans un grand nombre de religions et de mythes anciens. Le « sang de la vigne » est particulièrement lié à l'espoir d'une résurrection dans un monde meilleur, et le légendaire « arbre de vie » prend souvent l'aspect d'une vigne. Dans l'épopée babylonienne de Gilgamesh (1800 av. J.-C.), le héros en quête d'immortalité arrive au royaume du Soleil et découvre une vigne merveilleuse dont le vin exaucerait son vœu, mais il n'obtient pas la permission d'en boire. À Ninive, la déesse Ishtar est appelée « Mère-Cep de vigne ». En Égypte, certains vins sont baptisés « sueur » de Rê, le dieu solaire, ou « larmes » d'Horus, le fils d'Isis et d'Osiris. Le vin est surtout associé à ce dernier, dieu de la Végétation et de la vie après la mort. Le mythe d'Osiris est très proche de celui de Dionysos*, et ces deux divinités suppliciées puis ressuscitées évoquent inévitablement la figure du Christ (voir Eucharistie). Le mythe d'Orphée, parent de Dionysos, mis en pièces par des Ménades ivres*, est lui aussi en rapport avec le monde des morts et il a inspiré l'orphisme, une religion initiatique affirmant l'immortalité de l'âme. Pour ses adeptes, boire le sang du dieu sous forme de vin était chose familière. Il faut également remarquer la présence du vin au terme de toutes les histoires de déluge ou d'arche protectrice, qu'il s'agisse de Noé, d'Oreste – survivant de l'humanité primitive, épargné par Zeus – ou de Jamshid, un roi de Perse qui sauve les animaux en les protégeant par une enceinte et découvre par hasard les effets du vin grâce à une jarre de raisins oubliée dans un coin de son palais. TT

### ■ ŒNOLOGIE : la science du vin

La science du vin (du grec *oinos*, « vin », et *logos*, « science ») a permis de considérables progrès quant à la qualité générale des vins, en apportant des améliorations techniques à la viticulture, à la vinification* et à l'élevage*. Les œnologues jouent un rôle important de conseillers auprès des vignerons qui ne maîtrisent pas toujours toute la chaîne de production complexe que nécessite l'élaboration d'un vin fin. C'est à Bordeaux* que ce métier a acquis ses lettres de noblesse grâce au travail de Jean Ribéreau-Gayon, d'Émile Peynaud et de toute une génération d'œnologues formés à l'Institut d'œnologie.

L'autorité grandissante des œnologues fait aujourd'hui l'objet d'un débat. On n'hésite pas à condamner l'influence trop grande de certains œnologues itinérants, ou « flying winemakers », qui recherchent un prétendu style international

# ORIGINE

## ■ Origine

La vigne sauvage, plante dotée d'une faculté d'adaptation extraordinaire, existe depuis plus de deux millions d'années. Mais où et quand a-t-on commencé à faire du vin ? Les experts penchent pour le sud du Caucase, aux alentours de 7 000 avant notre ère. Indices capitaux : des pépins de vigne cultivée (*Vitis vinifera sativa*) retrouvés en Géorgie, ainsi qu'un *kwevri*, grosse jarre ornée d'un motif de grappe, datée du VIe millénaire av. J.-C. et conservée au musée de Tbilissi. C'est dans de telles jarres, enfouies en terre jusqu'au col et scellées d'un bouchon en bois, que les paysans géorgiens ont vinifié* leur vin depuis des temps immémoriaux. On y déverse le raisin, préalablement foulé aux pieds dans un tronc évidé, puis on laisse fermenter* jusqu'au printemps suivant. Le vin est alors transvasé dans un autre *kwevri* que l'on enterre, la fraîcheur du sol assurant une longue conservation.
Les plus anciennes traces écrites ou iconographiques proviennent, elles, de Mésopotamie et de la vallée du Nil, et sont datées d'environ 2500 av. J.-C. Elles révèlent l'existence d'une viticulture très organisée, donc sans doute bien antérieure.

Thèbes, vallée des Nobles, tombe de Sennefer, général d'Aménophis II, XVIIIe dynastie.

Michel Rolland.

Quelques siècles plus tard, les momies d'Égypte reposent sous des voûtes peintes de belles grappes noires, gage d'éternelles vendanges*. Les amphores retrouvées auprès de Toutankhamon indiquent le millésime*, le vignoble et même le nom du « maître de chai ».
Les vignes de la vallée du Nil sont sans doute les ancêtres de la plupart de nos cépages* rouges*. Depuis le Proche-Orient et la Perse, la *Vitis vinifera sativa* gagna l'Inde et la Chine, mais c'est surtout par l'ouest qu'elle conquit le monde, grâce aux marins phéniciens qui l'emportèrent en Crète. TT

---

de vin opulent et boisé, destiné à épater la galerie des critiques (pas toujours américains). Michel Rolland, le plus influent des œnologues contemporains (il conseille plus de soixante domaines* du Bordelais et bien d'autres à travers le monde), est souvent critiqué pour avoir imposé un tel style qui gomme le caractère particulier des terroirs*. Celui-ci réfute l'accusation, bien qu'il reconnaisse avoir commis quelques excès par le passé. Il reste malgré tout exemplaire d'une démarche visant la qualité, qui met en avant l'importance d'obtenir le maximum de maturité des raisins et de réduire le rendement des vignes.
En effet, l'œnologie moderne peut aider à optimiser, voire sublimer le terroir, en améliorant la qualité des raisins par le travail effectué dans les vignes, et en éliminant des défauts techniques de vinification qui peuvent masquer le caractère véritable d'un vin. ER

PEINTURE

■ **Peinture**

Depuis les temps les plus anciens, le vin et l'art entretiennent cette fraternelle complicité qui lie le bon et le beau. Tous les arts ont chanté les enivrantes vertus du breuvage qui est au cœur de toutes les fêtes. Rien n'est trop beau pour le bon, l'or ciselé et le cristal en sont les écrins. Il réunit les hommes en cet espace trop rare où chacun souhaite la santé du voisin. Par essence divin et sacré, il unit aussi les âmes. Au XVIe siècle, Arcimboldo va jusqu'à repré-

# PEINTURE

Francisco de Goya, Charles François Daubigny, Auguste Renoir ou William Turner rendent hommage au vignoble et aux vendanges* qui attestent de la générosité de la nature. Jean-François Millet dépeint l'effort de l'énergique tonnelier, Eugène Boudin, le transport des précieuses barriques dans le port de Bordeaux*.

Lorsque le vin sort de l'obscurité des caves*, il dévoile son secret sur la table. Ses couleurs chatoient dans des natures mortes qui incitent à la méditation. Dans les œuvres du XVIIe siècle, marquées par la morale chrétienne, le vin devient le symbole de la vanité du plaisir et de l'éphémère de la jouissance (*Nature morte à l'échiquier* de Lubin Baugin, par exemple).

D'autres artistes, comme Frans Hals et Adriaen Brouwer, multiplient au contraire les scènes de beuverie. Le coude se lève, la coupe se pose sur les lèvres, le gosier offre sa pente... Plaisir partagé ou dégustation* solitaire, joie délirante de l'ivresse*, consolation de l'abyssale tristesse, les buveurs constituent à travers le temps une grande famille, réunie par l'art.

Le XVIIIe siècle va apporter au vin sagesse et équilibre : sous le pinceau de Jean-Baptiste Siméon Chardin, il acquiert une majesté tranquille, et le plaisir honnête de boire est accepté sans arrière-pensée.

Plus tard, le vin et ses attributs ne sont plus que des éléments servant l'équilibre plastique d'une composition : entre deux joueurs concentrés sur leurs cartes, Paul Cézanne transforme la bouteille* en arbitre silencieux, semblant oublier que le plus souvent le vin délie les langues et provoque de joyeuses ripailles. PÉD

Paul Cézanne, *Les Joueurs de cartes*, 1890-1895. H/t 47 × 57. Paris, musée d'Orsay.

senter l'homme de *L'Automne* à l'image du vin, tant il est vrai qu'ils se ressemblent. Tous deux nerveux dans leur juvénilité, ils s'épanouissent en un fugace équilibre puis se dessèchent en d'arides squelettes lorsque le temps insiste.

### ■ PRIX : plus haut, plus haut…

À quel prix acheter une bouteille* parée de gloire ? La flambée récente des prix des crus bordelais* est dans tous les esprits. Même les primeurs ne sont plus à l'abri des tarifs élevés. Pour l'amateur sérieux mais aux moyens modestes, l'achat* de bons vins est devenu un véritable parcours du combattant. Il ne faut pas trop compter sur les déboires financiers en Asie pour ramener le marché à des niveaux plus raisonnables dans un avenir proche ; la demande de par le monde pour les meilleurs vins français dépasse de loin l'offre. Ainsi la qualité moyenne du millésime* 1997 n'a pas ralenti les chars bordelais qui vont de l'avant depuis 1995 (quoiqu'un rajustement semble être en cours pour celui de 1998). Bientôt, le désir de posséder une bouteille millésimée de « l'an 2000 » risque fort de provoquer une nouvelle envolée des prix, quelle que soit la qualité intrinsèque de la production. Nous vivons une période de marché surchauffé, marqué par des prix stratosphériques qui sont parfois injustifiés. Des ventes aux enchères très médiatisées, comme celles de la collection* du restaurant Maxim's ou du compositeur britannique Andrew Lloyd Webber en 1997, ont vu la valeur marchande multipliée par trois ou plus par la valeur ajoutée du « glamour ». À Los Angeles, Christie's a récemment adjugé un Colgin Cabernet-Sauvignon 1994, un vin commercialisé au prix de 300 francs en 1997, pour presque 7 000 francs la bouteille ! Ce vin, sans pedigree historique et qui n'a pas prouvé sa capacité de vieillissement*, rejoint ainsi les rangs des vins « cultes » dont le principal mérite est la rareté. ER

Photographie de Gilles Peress.

### ■ Production

La superficie mondiale plantée en vignes n'a cessé de croître jusqu'en 1980 pour atteindre 10 213 000 hectares. Depuis, les surfaces viticoles diminuent régulièrement, surtout en raison des arrachages effectués dans l'ex-U.R.S.S. et de ceux incités par l'Union européenne. Néanmoins, on constate une extension en Amérique* du Sud et du Nord ainsi qu'en Chine. En 1996, le vignoble mondial occupait une superficie de 7 742 000 hectares.

Quant à la production du vin, après une baisse de 10 à 12 % entre 1986 et 1995, elle est de nouveau en hausse avec un accroissement global de 7,5 % entre 1995 et 1996. La progression la plus importante a été enregistrée en Europe (+ 11 %) : + 56,5 % en Espagne* (!), + 31,2 % au Portugal, + 7,2 % en France et + 5,5 % en Italie*. Les trois premiers pays producteurs de vin du monde, en volume, sont la France, avec environ 59 650 000 hectolitres, suivie par l'Italie, avec 58 773 000 hectolitres et l'Espagne avec 32 675 000 hectolitres.

La hausse récente de la production du vin n'a pas été accompagnée par une augmentation équivalente de la consommation*. En effet, celle-ci a connu un déclin quasi continu durant les années 1980 et 1990. D'où un excédent de vin considérable, surtout en Europe, qui a motivé l'incitation à l'arrachage des vignes. ER

L'olivier, le blé et la vigne constituent la trinité de la culture méditerranéenne. Le blé a été son tourment quotidien mais l'olivier et la vigne sont ses réussites. La Provence possède sans doute le plus vieux vignoble de France puisque la vigne y a été introduite au $VI^e$ siècle av. J.-C., par les Phéniciens ou les Phocéens (voir Antiquité). La Provence compte trois vastes vignobles essentiellement consacrés aux rosés* : les Coteaux-d'Aix-en-Provence, les Coteaux-Varois et les Côtes-de-Provence. S'y ajoutent quatre aires plus petites : Palette, Cassis, Bandol et Bellet.

Bien que les rosés ne soient réellement agréables que durant les chaleurs de l'été, on doit reconnaître qu'ils sont de plus en plus souvent techniquement bien faits, fruités et frais, sans arôme de « bonbons acidulés ». Les cépages* les plus fréquents, qui servent aussi pour faire des

# ■ PROVENCE ET CORSE

Vignoble de Balagne, en Corse.

rouges* moins connus, sont le *grenache* (pour le corps), le *mourvèdre* (pour la structure) et le *cinsault* (pour la finesse). Quelquefois, la *syrah* rhodanienne ou le *cabernet-sauvignon* bordelais viennent enrichir des assemblages* plus audacieux.

En matière de blanc*, trois appellations sont réputées à juste titre : Cassis, qui produit un vin à partir des cépages *marsanne*, *ugni blanc* et *clairette*, idéal pour accompagner les produits de la mer (en particulier la bouillabaisse) ; Bellet, près de Nice, et Palette, aux portes d'Aix, qui proposent quelques trop rares vins issus respectivement des cépages *rolle* et *clairette*.

Enfin les rouges* sont superbement représentés par le vignoble de Bandol qui prospère autour de Toulon, sur des terrasses étagées entre la mer et les pinèdes. Structuré par l'austère *mourvèdre* qui est dominant, il est un des rares vins du Midi à s'affiner en vieillissant* et il accompagne magnifiquement gibiers et daubes.

Quant à la Corse, au relief si contrasté, elle élabore sur son littoral des vins rouges et blancs, peu connus sur le continent. Issus de cépages locaux – le *sciacarello* et le *nielluccio* pour le rouge, le *vermentino* pour le blanc – ils conviennent à la cuisine* méditerranéenne et aux fromages au lait de chèvre de l'île. DLCDF et PÉD

# RENAISSANCE

Jean de Gourmont, *La Descente à la cave*, 1537. H/b 57 × 55,5. Francfort, Städelsches Kunstinstitut.

## ■ Renaissance

C'est le grand retour de Bacchus (voir Dionysos) en Italie* puis en France. Le dieu de l'ivresse* libératrice inspire les artistes, mais les bacchanales des poètes de la Pléiade et les bouffonneries de Rabelais sont loin des déchaînements de l'Antiquité*.

Le nombre des petits propriétaires a augmenté. La vigne est partout, même si son recul a commencé en Bretagne, en Normandie et en Picardie. Les traités* d'œnologie* se multiplient après 1550, et les vins se différencient davantage. Le vocabulaire* qui les qualifie est révélateur : douze nuances pour l'acidité, cinq pour l'odeur, dont trois sont péjoratives. Néanmoins, on s'intéresse au vieillissement* et l'on progresse. Le chêne* s'impose en tonnellerie. La verrerie se développe, mais la fragile bouteille*, entourée de paille, est encore réservée au service.

Les vins blancs* l'emportent toujours dans la moitié nord de la France. En tête du palmarès : *pinot fromenteau* (gris) et *chenin* dans la vallée de la Loire* et en Anjou, cépages* nobles en Alsace*. À la cour des Valois, on boit les vins « à l'italienne », coupés avec de la neige ou de la glace. La plupart sont secs, même si Muscat et Malvoisie conservent leur prestige (voir vins doux*). Les clairets médiévaux restent très demandés. Il s'agit souvent d'un mélange de raisins blancs et noirs, dont le moût reste un jour en cuve après un foulage grossier, sans pressurage. On pratique aussi la saignée à la cuve pendant la fermentation*, le reste finissant sous le pressoir et donnant des vins « vermeils » (rouges*). Dans le Sud-Ouest*, on expérimente des cuvaisons plus longues pour obtenir des vins « noirs », plus tanniques et donc moins fragiles. TT

### ■ Révolution

À la fin du XVIIIe siècle, la France compte 27 millions d'habitants. Les viticulteurs se contentent de leur piquette, mais les villes ont soif : l'eau est rare et le vin lourdement taxé. Le peuple se presse dans les guinguettes* pour boire à moindre prix*. Dès 1786, pénurie, cherté et brimades des employés de l'octroi déclenchent des émeutes à Lyon puis à Paris. Outre du pain, les cahiers de doléances du peuple réclament du vin. Du 11 au 13 juillet 1789, à Paris, des émeutiers incendient les barrières d'octroi ; le 14, une foule éméchée prend la Bastille ; le 23, la populace massacre l'intendant Bertier de Sauvigny et dévore son cœur, broyé avec du vin et de l'alcool.

La suppression des octrois honnis, le 1er mai 1791, permet la libre circulation du vin. La coutume anglaise du « toast » se généralise : on boit (du rouge*) à la liberté, à la nation, lors de grandes libations collectives. Chacun veut planter sa vigne, symbole de liberté. La *Marseillaise du buveur* (1792) annonce aux « enfants de la Courtille » que le « jour de boire est arrivé » et demande « qu'un vin bien pur abreuve [les] poumons ».

Le Directoire est plus sobre : le blé chasse la vigne, le vin redevient rare et cher, l'argent manque. En 1798, des octrois modérés sont rétablis pour éviter la faillite des villes. Dans le même temps, les grands domaines* de l'Église et de la noblesse ont été confisqués. La Bourgogne* cistercienne s'effondre, le morcellement de ses crus prestigieux commence et ne cessera de s'aggraver, au détriment de la qualité. TT

*Caffée des Patriotes* (détail). Gravure de S. B. Morret d'après Jean-Jacques Swebach, v. 1791. Paris, musée Carnavalet.

# ■ RHÔNE (VALLÉE DU)

Développés à partir de l'époque romaine (voir Antiquité), les vignobles plantés de part et d'autre du Rhône, entre Vienne et Avignon, font de cette vallée la deuxième région viticole de France. Son vin fût longtemps associé à celui du Beaujolais* et, comme lui, tenu pour un vin de comptoir, gouleyant et facile. En réalité, et les amateurs le savent, ses crus les plus prestigieux rivalisent aujourd'hui avec ceux du Bordelais* et de la Bourgogne*. La partie septentrionale, largement dominée par le cépage* syrah, regroupe les appellations les plus en vogue aujourd'hui : Côte-Rôtie, Hermitage et Cornas. Les vins rouges* produits sur les coteaux escarpés qui longent le Rhône sont riches, corsés et méritent d'être attendus au moins cinq ans ; ceux issus des terroirs* de Crozes-Hermitage et de Saint-Joseph sont plus souples mais tout aussi fruités. Le cépage blanc* viognier, bien que souvent autorisé en appoint dans les rouges, trouve son expression la plus originale dans le Condrieu.

Vignoble de Tain-l'Hermitage.

Dans la partie méridionale, c'est le *grenache* qui règne en maître, en particulier à Châteauneuf-du-Pape et à Gigondas. Mais les vins rouges tirent aussi leur diversité du savant assemblage* de nombreux cépages : *grenache*, *syrah*, *mourvèdre*, *carignan*, *cinsault*, etc. (jusqu'à treize cépages pour le Châteauneuf-du-Pape). C'est plutôt le climat*, chaud et sec, marqué par le mistral méditerranéen, et, dans une moindre mesure, l'abondance de roches granitiques qui font l'unité de cette vaste région viticole recouvrant les diverses appellations régionales et communales de Côtes-du-Rhône (Cairanne, Chusclan, Rasteau, etc.).

Les blancs, produits à partir de *grenache blanc*, de *clairette*, de *bourboulenc*, de *marsanne* et de *roussanne*, sont quelquefois d'un moindre intérêt mais offrent du gras et de la fraîcheur quand leur vinification* est bien conduite. Les Hermitages blancs, un peu austères dans leur jeunesse, peuvent être de grands vins quand on sait les attendre. DLCDF et PÉD

Soutirage du vin rouge à la barrique.

## ROSÉ : pas de mélange

Il n'y a pas de définition stricte, œnologique* ou réglementaire, du rosé. En fait il n'existe que deux modes de vinification*, en rouge* ou en blanc*, et le rosé est généralement issu de l'un d'eux. Il est le plus souvent obtenu par « saignée », totale ou partielle, d'un rouge en cours de macération : c'est le choix du moment où l'on retire le jus de la cuve qui détermine la couleur du rosé. Plus le jus est resté longtemps (entre quelques heures et une demi-journée) en contact avec le marc, et donc avec les peaux contenant les pigments rouges, plus il sera coloré et même tannique. Ensuite, le jus est mis en cuve et suivra le même processus de fermentation* qu'un vin blanc. On peut également procéder à une vinification en blanc de raisins rouges, en sautant l'étape de macération : après le foulage, on récupère le vin de goutte (blanc) et on effectue immédiatement un pressurage plus ou moins fort jusqu'à obtenir un vin de presse légèrement coloré. L'assemblage* de ces deux vins (d'un rose très pâle, quelquefois désigné sous le nom de vin gris) est ensuite « débourbé » puis mis à fermenter comme un blanc, généralement à basse température pour préserver sa fraîcheur.

Le champagne* rosé constitue une exception : il est souvent obtenu par mélange de vin blanc et de vin rouge. Autre cas à part, le *poulsard*, cépage* typique du Jura* dont la peau et le jus sont rosés : bien que vinifié en rouge, il ne peut donner que ce qu'il a, une couleur rosée. DLCDF

## ROUGE : tout est dans le moût

La plupart des raisins rouges ont une pulpe blanche, et ce sont les pigments des peaux qui donneront leur couleur au vin. La vinification* en rouge est donc caractérisée par la nécessité de laisser le jus du raisin en contact avec les peaux pour en extraire la couleur durant toute la fermentation* et parfois au-delà. Cependant les méthodes varient suivant les régions, les cépages*, voire même les vignerons. À son arrivée au chai, la récolte est pesée afin d'être déclarée. Elle est ensuite triée, si cela n'a pas été fait lors de la vendange* ou si la qualité des raisins le nécessite (notamment s'ils sont atteints de pourriture grise).

Les raisins, plus ou moins éraflés (détachés de la grappe) et foulés (légèrement écrasés), sont mis dans des cuves et éventuellement sulfités (le soufre est un antiseptique et un antioxydant). Écrasés par leur propre poids, les grains forment le moût, mélange de jus, de pulpe et de peaux, qui se met progressivement à fermenter. Diverses méthodes, en fonction du cépage et de l'état de la récolte, favorisent l'extraction des matières colorantes mais aussi des tannins : macération à froid avant ou après la fermentation ; immersion du « chapeau », c'est-à-dire les peaux et la pulpe flottant en surface, par « pigeage » – on l'enfonce dans le jus au moyen de perches – ou « remontage » – on l'asperge avec le jus pompé au fond de la cuve.

Quand la fermentation est achevée, on laisse s'écouler le vin dit « de goutte », on décuve le chapeau et on exprime le vin « de presse », puis on assemble les deux, totalement ou partiellement suivant les crus, avant de les transférer dans une cuve ou dans des fûts. Débute alors l'élevage*. DLCDF

Jacques d'Arthois (1613-1686), *Marchands de vin en Flandres*. Montpellier, musée Fabre.

### ■ Routes

Aux XVIIe et XVIIIe siècles, les communications s'améliorent. La majeure partie du vin est acheminée par routes, mais le transport fluvial, qui secoue moins les tonneaux, se développe très vite, ainsi que les canaux. Dans les petites villes, on boit le vin local. Les grandes cités s'approvisionnent au niveau régional, telle Lyon à qui la batellerie rhodanienne apporte les vins du Rhône*. Bordeaux* et Nantes se fournissent beaucoup plus loin. La première collecte les vins du Sud-Ouest*, essentiellement par la Garonne et la Dordogne. La seconde centralise les vins de la Loire*, de l'Allier et, par la route, ceux du Poitou, du Languedoc* et de la Provence*. Bordeaux et Nantes réexpédient du vin par mer, vers l'étranger et vers Paris.

Il existe des vignes dans Paris et à ses portes, mais les céréales dominent en Île-de-France en raison d'un édit de 1577 qui

nterdit l'entrée en ville, pour la revente dans les tavernes, de vin produit à moins de vingt lieues (environ 80 km) de la capitale. Paris trouve donc la majeure partie de ses vins (médiocres) dans le Bassin parisien. Orléans est un carrefour important et réexpédie vers Paris, par route et sur les canaux, les vins du Rhône, du Beaujolais*, du Mâconnais, de l'Auvergne et du Sancerrois. Charroyés jusqu'à Chablis, les vins de Bourgogne* remontent ensuite par l'Yonne. Les Muscats du Languedoc, très prisés, sont embarqués à Sète et arrivent par la basse Seine.
En dépit d'impôts très lourds, le trafic est florissant, et la concurrence, acharnée. TT

### ■ Santé

Selon un axiome ancien, le vin est « remède et poison ». Cinq siècles av. J.-C., Hippocrate le préconise comme antiseptique et diurétique, contre la fièvre et pour hâter la convalescence. Au II<sup>e</sup> siècle, Galien détaille les vins grecs et romains dans son traité sur les contrepoisons. Vers le XI<sup>e</sup> siècle, l'école de médecine de Salerne formule des préceptes d'hygiène, réunis en 1320 dans le *Regimen sanitatis* : le vin, bu avec modération, y joue un rôle très positif. L'hypocras (vin cuit avec du sucre et des épices) est un remède séculaire.

Jusqu'au XVIII<sup>e</sup> siècle, on croit que le vin bu se transforme en sang dans l'organisme. On en sert aux malades, aux accouchées, aux vieillards, à tous en période d'épidémie. Le vin blanc* est longtemps jugé préférable. Le médecin Fagon inverse la tendance en prescrivant à Louis XIV du bourgogne* rouge*, et le tsar Pierre I<sup>er</sup> calme ses brûlures d'estomac avec du Cahors. Le Tokay *essenczia* passe pour ressusciter les mourants.

La notion de vin-aliment, indispensable aux travailleurs, culmine au XIX<sup>e</sup> siècle* et persiste jusque vers 1950. En 1866, le docteur Guyot écrit qu'il peut remplacer le pain, à condition d'être « naturel ». Cependant, le débat sur l'alcoolisme, qui fait rage depuis 1849, s'élargit au vin après 1890.

Aujourd'hui, on sait que certains constituants du vin, dont les tanins, contribuent à prévenir les maladies cardio-vasculaires en renforçant les parois artérielles et en diminuant les taux de cholestérol. Par ailleurs, le « savoir boire » se révèle plus efficace contre l'alcoolisme que l'abstinence. Un axiome moderne pourrait être « boire moins, mais mieux ». TT

James Ensor, *La Mangeuse d'huîtres*, 1882. H/t 207 × 150. Anvers, musée royal des Beaux-Arts.

## ■ SOL
### Tout dépend du climat

Le sol est souvent considéré comme l'élément le plus caractéristique d'un terroir*. On ne peut l'exporter ni le copier, il reste attaché à sa région d'origine. Mais son influence sur la vigne est si intimement liée au climat*, à l'exposition et même aux interventions de l'homme (choix du porte-greffe, du cépage*, de la conduite* de la vigne...) que l'on pourrait dire qu'il n'existe pas de sol idéal pour la vigne. Au plus, peut-on affirmer que certains sols, tels ceux des riches plaines fertiles, ne conviennent pas a priori à sa culture.

Ainsi, un sol mal drainé et plutôt argileux (retenant l'eau), qui a tendance à être humide et froid, sera rejeté sous nos climats alors qu'il peut s'avérer propice dans un pays en but à la sécheresse. À l'opposé, un sol graveleux, bien drainé et contenant peu d'argile, donc plus chaud, a toutes les chances d'être adapté dans nos pays tempérés. Mais pas forcément à n'importe quel cépage : si le *cabernet-sauvignon*, plutôt tardif, y serait peut-être parfait, le *merlot*, plus précoce, pourrait y mûrir trop rapidement. On obtient en effet un vin d'autant plus fin que le sol et le climat auront retardé la maturation du raisin !

Il faut également tenir compte de la nature de la roche mère, située quelques centimètres ou plusieurs mètres sous le sol proprement dit qui est issu de la décomposition de celle-ci par l'érosion. Un sol très sec peut tout à fait convenir à la vigne si les racines réussissent à le traverser et à pénétrer une roche mère fissurée et humide.

Dans tous les cas, un minimum d'argile et d'humus devra être présent dans la partie superficielle du sol (la couche arable) afin que les racines puissent y puiser les éléments nécessaires au développement de la vigne, en particulier l'azote, le phosphore et la potasse (les trois éléments de base des engrais, souvent ajoutés avec une générosité excessive). DLCDF

# SOMMELIER

**■ Sommelier**

Dans notre ère de consultants, il n'est guère surprenant que le noble métier de sommelier soit aujourd'hui revalorisé, comme en témoigne le succès des compétitions internationales et nationales de meilleur sommelier. Chargé de la cave\* et du service du vin dans les restaurants de catégorie supérieure, le sommelier a la rude tâche de trouver des accords harmonieux entre les plats sophistiqués des chefs ambitieux et les saveurs des grands vins. C'est parfois une véritable gageure que de trouver le vin capable d'accompagner, sinon d'exalter, les divers plats commandés à une même table. Sans tomber dans un rituel figé et guindé, un bon sommelier doit conseiller le client avec esprit et élégance, et surtout savoir éveiller sa curiosité. Il doit également contrôler la qualité du vin choisi, éliminer les bouteilles\* bouchonnées ou en proposer la mise en carafe\*. Il doit veiller à la température du vin et au moment propice pour le servir. En France, si une nouvelle génération de sommeliers ont su redynamiser cette profession par leur enthousiasme et leur passion pour le vin, trop de restaurants, dont certains des plus prestigieux, infligent aux clients un service des vins bâclé et désinvolte. Pour un pays qui a donné ses lettres de noblesse à ce métier, c'est un comble. ER

Sol du vignoble de Tavel dans la vallée du Rhône.

Les caves du Ritz, à Paris, en 1968. Photographie de Bruno Barbey.

103

# ■ SUD-OUEST

Le prestigieux Bordelais* ferait presque oublier les autres vignobles disséminés dans le sud-ouest de la France. Isolés dans un triangle que dessinent Bergerac, Pau et Albi, à l'écart de la mer, ces terroirs* se sont heurtés à la vigilante autorité de leur puissant voisin chaque fois qu'ils ont essayé d'étendre leur réputation. Où trouver pourtant des noms fleurant davantage le terroir que ces *tannat, duras, courbu, malbec, mauzac, len-de-l'el, manseng, négrette, arrufiac, braucol,* ou *fer servadou* ? Conservatoire de cépages*, le Sud-Ouest revendique fièrement ses vieux plants et l'indéfectible alliance de sa gastronomie (voir Cuisine) avec des vins francs, dont l'authenticité paysanne sert par tradition les produits naturels de la région.

Au nord, les terrasses de la Dordogne, plantées de cépages girondins, offrent des vins comme le Montravel (blanc*), le Bergerac (rouge*, rosé* et blanc), le Pécharmant (rouge) ou le Montbazillac (liquoreux*) qui rivalisent avec les vins de Bordeaux.

Situés le long de la Garonne, les vignobles du Marmandais, du Buzet ou du Frontonnais, eux aussi longtemps bloqués par le contrôle du fleuve imposé par Bordeaux, affichent leur différence mais ont du mal à se faire connaître hors de leurs frontières, en dépit de leurs prix très raisonnables. Seul le vieux vignoble de Gaillac a acquis quelque célébrité pour ses vins blancs de *mauzac* (secs, souvent perlant ou moelleux).

La notoriété actuelle du Sud-Ouest provient surtout des vignobles les plus à l'écart. Tout d'abord du Cahors, qui tire sa concentration épicée et sa charpente robuste du cépage *malbec*. Il vieillit* bien et pourtant le boire jeune et légèrement frais, sur une côte de bœuf ou un cassoulet, est un plaisir dont il ne faut pas se priver. Et, peut-être plus encore, des vins de Béarn : le Jurançon donne de splendides blancs, moelleux, de grande fraîcheur, issus du *petit manseg* pour les plus grands, assemblés* avec le *courbu* et le *manseg* pour les plus simples et les secs ; quant au Madiran rouge, on a su « civiliser » son cépage original, le puissant *tannat*, pour produire des vins qui comptent parmi les plus grands de France. DLCDF et PÉD

Vignoble de Cahors, près de Luzech, dans la vallée du Lot.

# TERROIR

### ■ Terroir

Ce mot un peu « tarte à la crème » dans son utilisation abusive, surtout quand il sert de cache-misère à des vins mal vinifiés, est néanmoins au cœur du système français des appellations contrôlées. Il recouvre l'ensemble des influences spécifiques d'un site sur la vie de la vigne. Celles-là même qui donnent à un vin son caractère distinct, et qui font qu'un Volnay se différencie d'un Vosne-Romanée, ou un Montrachet d'un Corton-Charlemagne.

Ces influences sont essentiellement celles du sol*, du microclimat* et de la topographie qui, ensemble, régulent le régime hydrique et l'ensoleillement d'un site. Les différences entre deux terroirs sont également dues aux caractéristiques des cépages* cultivés, au travail du viticulteur qui conduit* le développement de la vigne et enfin à la vinification*, susceptible de mettre en valeur ou au contraire de gommer complètement ces différences.

En Europe, les classements* cherchent à identifier les meilleurs terroirs, privilégiés par la nature qui donne aux raisins ce supplément de caractère complexe et d'individualité qui distingue les grands vins. Mais la notion de terroir est peu reconnue dans les pays du Nouveau Monde (voir Amérique du Sud, Australie et États-Unis) qui soupçonnent l'Europe d'avoir inventé ce concept pour se protéger de leur concurrence commerciale. ER et DLCDF

### ■ Tourisme viticole

Le vin est une invitation au voyage à travers le « pays superbe » des vignobles, à la rencontre de l'histoire, de la géographie, de l'architecture des régions… et des vignerons. Si le vin est, selon Baudelaire, « le fils sacré du Soleil », il est naturel que les touristes à la recherche de paysages ensoleillés prennent le chemin des vignes.

Bien que le tourisme viticole ait connu un développement important depuis vingt ans, il

Le Clos Saint-Jacques, à Gevrey-Chambertin.

Anciens pressoirs, cloître Eberbach à Eltville, dans le Rheingau (Allemagne).

n'est pas nouveau. À la fin du XVIIIe siècle, l'Américain Thomas Jefferson, grand amateur de vin, parcourt les régions viticoles de l'Europe pour étudier les vignobles et goûter les crus. Depuis longtemps, certaines régions, comme la vallée de la Loire* en France ou celles du Rhin et de la Moselle en Allemagne*, ont su profiter d'une infrastructure touristique pour promouvoir leurs vins. Curieusement, le Bordelais* a découvert sur le tard l'importance du tourisme comme outil de promotion et de relations publiques. Néanmoins, une propriété comme le Château Pichon-Longueville reçoit aujourd'hui plus de 100 000 visiteurs chaque année.

L'élite des châteaux bordelais décourage voire refuse les visites à l'improviste, préférant des groupes encadrés par des guides spécialisés. Ailleurs, l'initiative individuelle est plus payante, surtout si on a la politesse de téléphoner au préalable : elle permet, dans une atmosphère plus décontractée, un contact direct avec le vigneron, et d'acheter du vin à la propriété. Attention, cependant, à ne pas se laisser emporter par l'euphorie au moment des achats*. Un dernier conseil avant la visite des chais : attention à la marche, surtout à la sortie ! ER

# TRAITÉS

### ■ Traités

Après Caton, Pline l'Ancien (*Histoire naturelle*) et Lucius Columelle (*De re rustica*) nous disent tout sur la viticulture romaine au Ier siècle ap. J.-C. Tous trois citent Magon et son recueil des traditions agricoles cananéennes et phéniciennes, adoptées par Carthage dès 500 av. J.-C.

Au Moyen* Âge, l'ouvrage de référence est le *Liber commodorum ruralium* (1303) de Piero di Crescenzia qui adapte les auteurs classiques.

Pour le XVIe siècle, citons le sage *Vinetum* de Charles Estienne, précepteur de Baïf. En 1600, le *Théâtre d'agriculture* d'Olivier de Serres est un modèle d'observation et nous vaut la fameuse définition : « l'air, le sol* et le complant sont le fondement du vignoble. » Au XVIIIe siècle, on commence enfin à étudier les cépages* – *Dictionnaire d'agriculture* de l'abbé Rozier – mais le long article consacré au vin dans l'*Encyclopédie* de Diderot et d'Alembert ne s'étend guère sur le sujet.

Le XIXe siècle* est riche en ouvrages fondamentaux. En 1801, Jean-Antoine Chaptal, célèbre pour avoir relancé le sucrage du moût, est le premier à s'appuyer sur des données scientifiques récentes. En 1816, André Jullien publie l'impressionnante *Topographie de tous les vignobles connus*, où il classe* les vins des cinq continents. En 1845, paraît l'*Ampélographie universelle* du comte Odart, suivie par les découvertes fondamentales de Louis Pasteur en 1866, puis par la somme œnologique* du docteur Guyot en 1868.

La liste des grands traités se clôt de nos jours sur les noms de Jean Ribéreau-Gayon et Émile Peynaud, tandis que s'ouvre l'ère des articles rédigés par des chercheurs spécialisés. TT

VENDANGE

Photographie de Martine Franck.

### ■ VENDANGE
**Choisir le bon moment**

Le dictionnaire nous apprend le sens strict du mot « vendange » : récolte des raisins pour faire du vin. Mais il ne nous dit rien sur l'essentiel : les conditions de cette récolte. Celles-ci sont cruciales pour garantir la qualité optimale de la matière première nécessaire à l'élaboration du breuvage qui doit exalter nos sens.

Le choix des dates pour ramasser un raisin mûr, équilibré et sain, est délicat, car les aléas atmosphériques peuvent à tout moment ruiner le travail d'une année. Le calendrier des vendanges est très variable selon la région, le cépage* et le type de vin à élaborer. En général, la période se situe en septembre et en octobre sous les climats* tempérés de l'hémisphère Nord, entre février et avril dans l'hémisphère Sud.

Les vendanges traditionnelles sont manuelles : chaque grappe est coupée ou chaque grain détaché à la main (dans le cas des raisins du Sauternes). Un tel travail nécessite une main-d'œuvre compétente et souvent coûteuse, capable de choisir le raisin en fonction de sa maturité et de son état de santé, assurant ainsi la qualité de la récolte.

Le folklore des vendanges traditionnelles, épuisantes mais joyeuses, n'a pas empêché l'essor des vendanges mécaniques depuis leur introduction dans les années 1960. Aujourd'hui utilisée dans 95 % des vignobles, la machine à vendanger permet de réduire les coûts et la durée des vendanges, mais entraîne souvent une baisse de qualité des raisins. ER

### ■ Verre

La qualité d'un verre influe sur notre perception d'un vin.

Le verre idéal est transparent et lisse pour mieux laisser admirer la robe du vin, et très fin pour l'agrément des lèvres. Rempli au tiers, il doit être suffisamment vaste afin que le vin s'y trouve à l'aise et développe tout son bouquet, sans déborder quand on le fait tourner. Un pied assez long permet de le saisir sans que les doigts arrivent à hauteur du vin, ce qui modifierait la température et laisserait des traces disgracieuses.

Les sublimes verres vénitiens du XVIe siècle et la plupart des beaux verres de notre époque répondent à ces critères, mais une exigence nouvelle est apparue. Notre passion contemporaine pour les arômes veut que le haut du verre se rétrécisse (pas trop, sinon le nez s'y cogne) pour empêcher les précieuses nuances du bouquet de s'envoler trop vite.

On peut se limiter à un ou deux modèles bien choisis : le bon champagne* s'accommodera d'un verre à bordeaux* et la présence sur la table d'un verre pour l'eau dénote plus de raffinement qu'une collection de hanaps dorés.

Enfin, le plus beau des verres nous déshonore s'il n'est pas immaculé et dépourvu de toute odeur de placard ou de torchon humide. TT

### ■ Vieillissement

Les vins de garde, c'est-à-dire les vins qui se bonifient en vieillissant en bouteille*, sont rares. Suivant la qualité du millésime*, certains grands vins ont besoin de cinq ou six ans pour s'assagir, d'autres en demandent dix ou même quinze pour exprimer leur potentiel. Cependant, tout le monde ne dispose pas d'une bonne cave*, et il faut savoir qu'un mauvais stockage accélère le vieillissement du vin. En fait, la majorité des vins méritent d'être bus dans leur jeunesse, pour leur qualité de fruit et de fraîcheur.

Le phénomène de vieillissement est mal connu. Il résulte sans doute de toute une série de combinaisons entre les alcools, les acides et les polyphénols (tanins et pigments colorés), qui s'effectue en milieu réducteur c'est-à-dire en l'absence d'oxygène – si la bouteille est bien bouchée. Parmi les facteurs favorisant la longévité d'un vin, il semble que l'on puisse citer l'acidité, surtout pour les vins des régions septentrionales, et le degré d'alcool, pour les vins plus méridionaux. Au cours du vieillissement, la « robe » des vins rouges* devient de moins en moins soutenue et passe de nuances vio-

# VINAIGRE

Rioja Marquès de Riscal, 1875.

lettes à une teinte orangée. Le « nez » s'éloigne progressivement des arômes primaires (liés au raisin) et secondaires (liés à la fermentation*) pour se transformer en arômes tertiaires (liés aux transformations en milieu réducteur) que l'on appelle « bouquet » (odeur de sous-bois, de gibier, d'eau-de-vie de fruit, etc.). La « bouche » tend à s'assouplir, les tanins se fondent et l'astringence diminue. Trop vieux, le vin rouge devient brunâtre, le nez « évanescent » – tout en conservant parfois une certaine finesse – et la bouche « fuyante », voire courte et acide.

Certains grands vins blancs*, de Bourgogne* comme du Rhône*, méritent également d'être attendus une dizaine d'années. Quant au célèbre vin jaune, il semble éternel. DLCDF

### ■ Vinaigre

Du vinaigre largement coupé d'eau, tel est l'ordinaire des armées romaines et c'est ce qu'un centurion donne à boire au Christ en croix. Les paysans du Moyen* Âge continueront d'en consommer pendant des siècles. Le goût de l'aigre est d'ailleurs répandu dans toutes les couches de la société, comme en témoigne la cuisine* médiévale. Comment obtient-on ce vinaigre ? Il suffit de laisser le vin exposé à l'air, dans les tonneaux en perce, surtout s'il fait un peu chaud. À la fin du XVIe siècle, les vinaigriers-moutardiers d'Orléans se bâtissent une solide réputation. Mais on est en droit de préférer le vin au vinaigre. Empiriquement, les négociants hollandais comprennent que l'on peut préserver le vin en y ajoutant de l'eau-de-

# VINIFICATION

vie, en sulfitant et en ouillant les tonneaux. En 1865, Louis Pasteur isole le « germe » du vinaigre et réussit à le détruire par chauffage : c'est la pasteurisation. Aujourd'hui, peut-être en raison de filtrations plus poussées, il ne suffit pas toujours de vider des fonds de bouteilles* dans un tonnelet pour faire du (bon) vinaigre. Pour accélérer le processus, mieux vaut se procurer un peu de « mère de vinaigre » de qualité qui servira de « levain ». TT

### ■ VINIFICATION
### Vin ou vinaigre

La vinification recouvre l'ensemble des opérations qui suivent les vendanges*, depuis la réception des raisins au chai jusqu'à la fin de leur fermentation*. C'est bien sûr la qualité de la récolte – les raisins doivent être mûrs et sans pourriture – qui détermine les potentiels du futur vin. Selon que l'on vinifie en blanc*, en rouge* ou en rosé*, des vins secs, liquoreux* ou mutés*, en cuve ou en fûts de chêne*, les étapes seront sensiblement différentes. Le destin naturel du jus de raisin est de moisir et de se transformer, plus ou moins simultanément, en vin et en vinaigre*. Constaté sans doute depuis plusieurs millénaires, ce processus a commencé à être compris au XIXᵉ siècle*, grâce aux travaux de Louis Pasteur. Les propriétés antiseptiques et antioxydantes du souffre, utilisées de façon empirique pendant des siècles, sont aujourd'hui mieux maîtrisées. Les progrès de l'œnologie* ont permis aux vignerons de transformer du raisin en vins que l'on pourrait qualifier de « fins », très éloignés des boissons alcooliques et acides de l'Antiquité* ou du Moyen* Âge, qu'il était nécessaire d'adoucir avec du miel ou de couper avec de l'eau salée. Suivant les pays ou les régions vinicoles, certaines pratiques peuvent varier ou être interdites. Les plus connues sont la chaptalisation du moût (ajout de sucre qui fermentera et augmentera d'autant le degré alcoolique) dans les régions chaudes où le raisin mûrit mal, et l'acidification dans celles où il peut manquer de vivacité. DLCDF

### ■ Vocabulaire

Le vin rend éloquent les plus timides et il a donné naissance au cours des âges à un vocabulaire très riche, largement dominé par la métaphore. Comme le remarque Martine Châtelain-Courtois, le vin « révèle beaucoup de choses sur notre civilisation […], il est le centre et le prétexte d'une encyclopédie où nous évoquons la religion, le cosmos et la nature, le corps, la vie et la mort, la sexualité, l'esthétique, la société et la politique ».

# VOCABULAIRE

Il y a le langage des sensations, du goût, et celui de l'ivresse\*, le langage de l'élite et celui du petit peuple. Il y a les tournures fleuries des poètes bachiques et l'analyse des techniciens. Depuis les années 1970, les spécialistes ont entrepris de normaliser les termes de dégustation\*. Pourtant, les œnologues\* eux-mêmes sont encore souvent contraints d'en passer par l'image, tant le sujet est complexe et, en dépit de tous les efforts, subjectif. Cependant, dans la bouche du crieur du XIII$^e$ siècle, vantant son vin « bevant, plein et corsé, courant comme écureuil en bois, sec et vif, clair comme larme de pécheur », ou dans celle de l'amateur contemporain, qui se délecte d'un Pomerol aux arômes « de sous-bois et de truffe », à la bouche « pleine, grasse, riche, vineuse et corsée, aux tanins fondus et au boisé finement cacaoté », on retrouve le même émerveillement devant ce don mystérieux, renouvelé chaque année pour notre plus grand plaisir. TT

Albert Fourié, *La Noce à Yport*, 1886. H/t. Rouen, musée des Beaux-Arts.

# GUIDE DE

## Les principaux cépages

### Cépages rouges

**Cabernet-sauvignon** : implanté à travers le monde entier, il est d'abord l'un des plus fameux cépages du Bordelais et notamment des crus du Médoc. Il donne des vins à la couleur profonde, tanniques et aromatiques. Ses arômes primaires de fruits rouges évoluent vers des notes plus complexes en vieillissant (cèdre, violette, etc.).

**Cabernet franc** : cousin du *cabernet-sauvignon*, il donne des vins un peu moins fins mais également riches en arômes. Deuxième cépage des crus de Saint-Émilion et de Pomerol, il est également cultivé dans la vallée de la Loire et en Amérique du Sud.

**Carignan** : il couvre un cinquième de la surface viticole française. C'est par excellence le cépage des vins bon marché du midi de la France. Il donne des vins colorés et tanniques, mais sans grand intérêt sauf si ils sont issus de vieilles vignes.

**Gamay** : c'est par excellence le cépage du Beaujolais, réputé pour ses vins de primeur, fruités, souples et peu tanniques. À noter qu'en Californie le *gamay-beaujolais* est en fait un clone insipide de *pinot noir*.

**Grenache noir** : il donne des vins riches en alcool, comme les Châteauneuf-du-Pape dans la vallée du Rhône, les Coteaux-du-Languedoc ou des vins mutés comme le célèbre Banyuls. Du fait de sa puissance, il est souvent assemblé avec d'autres cépages.

**Malbec** : sa couleur et son tanin rehaussent souvent les assemblages du Bordelais, et caractérisent celui des vins de Cahors (sous le nom d'Auxerrois). C'est aujourd'hui l'un des principaux cépages cultivés en Argentine où l'on apprécie son taux alcoolique qui résiste aux gros rendements.

**Merlot** : il domine dans les aires de production des vins de Saint-Émilion et de Pomerol, auxquels il apporte son caractère tendre et velouté. Il entre pour 95 % ou plus dans l'encépagement du Château Pétrus, le plus grand cru de Pomerol et un des vins les plus chers du monde.

**Mourvèdre** : cépage à maturité tardive ayant besoin de chaleur, il donne des vins colorés et structurés, aux arômes de fruits noirs, de cuir, de viande. Il est le cépage principal de Bandol. On le trouve en Provence mais aussi dans le sud de la vallée du Rhône et de plus en plus dans le Languedoc-Roussillon.

**Nebbiolo** : le Barolo et le Barbaresco, grands vins du Piémont, sont issus de ce seul cépage, originaire d'Italie. Il est caractérisé par une structure puissante alliée à une grande finesse et il peut donner des vins de garde.

**Pinot noir** : c'est le grand cépage de la Bourgogne où il a trouvé son terrain de prédilection. À son apogée, il donne des vins bouquetés et sensuels avec une texture d'un grand velouté.

**Sangiovese** : c'est le cépage principal du Chianti toscan, aux arômes de cerise et de prune.

**Syrah** : cépage dominant des crus rouges du nord de la vallée du Rhône, il donne des vins corsés et puissants, aux arômes de fruits rouges (framboise, cassis...), de violette, parfois épicés.

**Tannat** : de ce cépage original sont issus les vins de Madiran (Sud-Ouest de la France), puissants et riches en tanins.

**Tempranillo** : c'est le grand cépage des vins de la Rioja et de Ribera del Duero, en Espagne.

**Zinfandel** : cépage d'une origine inconnue, cultivé principalement en Californie (on en trouve aussi en

## Cotation (sur 20) des millésimes « réussis » de 1945 à 1997

*établie par Jean-Claude et Valérie Vrinat avec l'assistance de Nicolas Bonnot, sommelier de Taillevent*

|  | 1945 | 1947 | 1953 | 1955 | 1959 | 1961 | 1966 | 1969 | 1970 | 1971 | 1975 | 1976 | 1978 |
|---|---|---|---|---|---|---|---|---|---|---|---|---|---|
| Bordeaux rouge | 19 | 18 | 18 | 17 | 16 | 19 | 17 | 11 | 18 | 16 | 16 | 15 | 17 |
| Bordeaux blanc | 19 | 17 | 16 | 17 | 16 | 18 | 15 | 13 | 17 | 15 | 17 | 18 | 15 |
| Bourgogne rouge | 18 | 17 | 14 | 15 | 16 | 18 | 16 | 18 | 10 | 17 | 8 | 16 | 18 |
| Bourgogne blanc | 14 | 16 | 15 | 16 | 16 | 16 | 14 | 17 | 13 | 16 | 11 | 17 | 18 |
| Champagne | 18 | 18 | 17 | 17 | 17 | 18 | 17 | 16 | 15 | 16 | 17 | 16 | 16 |
| Alsace | 18 | 17 |  | 17 | 16 | 18 | 17 | 15 | 15 | 18 | 13 | 18 | 15 |
| Côtes du Rhône | 17 | 16 | 13 | 15 | 14 | 17 | 16 | 13 | 17 | 15 | 13 | 17 | 19 |
| Loire | 17 | 19 | 16 | 15 | 17 | 16 | 14 |  | 14 | 16 | 14 | 18 | 16 |
| Jura | 16 | 18 | 15 | 15 | 16 | 16 | 14 | 12 | 15 | 14 | 17 | 14 |  |
| Languedoc/Provence |  |  |  |  |  |  |  |  |  |  |  |  |  |

# L'AMATEUR

Australie), il donne des vins rouges corsés et épicés aux arômes de fruits rouges et noirs (fraise, framboise, mûre sauvage). Il donne aussi des vins blancs et rosés plutôt insipides.

## Cépages blancs

**Airén :** peu connu en France, c'est pourtant le cépage le plus cultivé au monde. Son atout est de résister aux conditions de sécheresse sur les immenses plateaux de la Mancha en Espagne.

**Chardonnay :** le plus fameux des cépages blancs. En Champagne, il complète les assemblages à base de *pinot* (*noir* et *meunier*) ou donne le blanc de blanc, au goût de fruits blancs et de noisette, et parfois légèrement citronné. En Bourgogne, il est (en principe) le cépage unique dans la production de grands blancs secs qui atteignent une complexité incomparable sur les terroirs de Chablis grand cru, Puligny-Montrachet et Corton-Charlemagne.

**Chenin blanc :** cépage des vins blancs de la vallée de la Loire, son acidité caractéristique peut donner des vins de longue garde. Il donne aussi des vins moelleux si les raisins sont récoltés à leur extrême maturité. Savennières et Coteaux-de-Layon en sont les plus somptueux exemples.

**Gewurztraminer :** c'est le cépage éponyme d'un vin d'Alsace étoffé, voluptueux et puissamment original (bouquet de rose, litchis, nuances épicées).

**Marsanne :** allié à la *roussane*, il donne les grands vins blancs du nord de la vallée du Rhône, en particulier de l'Hermitage. Les vins sont gras lorsque la *marsanne* domine, plus délicats si la *roussane* l'emporte, mais les arômes caractéristiques sont le miel d'acacia et la noisette.

**Muscat :** ce cépage connaît de nombreuses variétés, y compris celles produisant des raisins de table. Les vins de *muscat* se caractérisent par leur goût de raisin très marqué. Le Muscat d'Alsace, vin blanc sec aux notes florales, et le Muscat de Beaumes-de-Venise (sud de la vallée du Rhône), vin doux très aromatique, sont tous les deux des assemblages de *muscats à petits grains*, *blanc* et *rosé*.

**Pinot gris :** il a fait la réputation d'un grand cru d'Alsace, le Tokay-Pinot gris, vin blanc sec d'une étonnante ampleur dont les arômes primaires de fruits jaunes (pêche, abricot) laissent place à des notes de miel à la maturité.

**Riesling :** grand cépage blanc d'Alsace et d'Allemagne, il trouve sans doute son domaine de prédilection dans la région de la Moselle-Saar-Ruwer, où il donne des vins élégants et fruités, aux notes minérales (pétrole, naphte), d'une grande plénitude. Dans le style liquoreux, le Riesling TBA est au sommet.

**Sauvignon blanc :** c'est le cépage blanc le plus cultivé dans la région Centre de la vallée de la Loire, dont les deux plus illustres représentants sont le Pouilly-Fumé et le Sancerre, marqués par un arôme de groseille typique. Il est très prisé en Nouvelle-Zélande, où ses vins offrent un bouquet plus exubérant, aux notes de fruits exotiques (fruit de la passion, mangue).

**Sémillon :** cépage privilégié par le champignon *botrytis* qui provoque la pourriture noble, il donne des vins moelleux jusqu'à l'onctuosité, aux arômes de miel et de vanille, tels que les Sauternes dans le Bordelais (en général assemblé au *sauvignon*). Il donne en Australie des vins secs qui vieillissent bien.

**Sylvaner :** cultivé principalement en Alsace et en Allemagne, c'est le cépage de vins simples et légers mais d'une agréable vivacité.

**Viognier :** de ce cépage sont issus les fameux blancs secs de Condrieu et de Château-Grillet, dans le nord de la vallée du Rhône, qui développent un bouquet très floral et des saveurs caractéristiques d'abricot et de pêche.

■ à boire maintenant.   □ devrait déjà être bu.   ■ à laisser vieillir.

| 1982 | 1983 | 1985 | 1986 | 1988 | 1989 | 1990 | 1991 | 1992 | 1993 | 1994 | 1995 | 1996 | 1997 | |
|---|---|---|---|---|---|---|---|---|---|---|---|---|---|---|
| 18 | 16 | 17 | 18 | 17 | 18 | 18 | 14 | 13 | 15 | 16 | 17 | 17 | 14 | Bordeaux rouge |
| 15 | 18 | 16 | 17 | 18 | 19 | 19 | 13 | 13 | 14 | 15 | 15 | 16 | 17 | Bordeaux blanc |
| 13 | 17 | 18 | 13 | 18 | 17 | 18 | 16 | 16 | 18 | 16 | 17 | 18 | 16 | Bourgogne rouge |
| 17 | 18 | 17 | 16 | 16 | 17 | 17 | 15 | 18 | 17 | 17 | 18 | 18 | 15 | Bourgogne blanc |
| 17 | 16 | 17 | 15 | 17 | 16 | 18 | 14 | 15 | 14 | 14 | 16 | 17 | 14 | Champagne |
| 14 | 19 | 17 | 15 | 17 | 17 | 18 | 14 | 15 | 15 | 13 | 15 | 15 | 16 | Alsace |
| 14 | 18 | 18 | 13 | 18 | 17 | 18 | 15 | 16 | 14 | 15 | 18 | 17 | 15 | Côtes du Rhône |
| 14 | 17 | 17 | 14 | 17 | 19 | 18 | 13 | 14 | 16 | 15 | 16 | 17 | 15 | Loire |
| 12 | 18 | 17 | 14 | 17 | 18 | 17 | 15 | 15 | 14 | 15 | 16 | 16 | 15 | Jura |
| | | | | | | 18 | 16 | 14 | 15 | 14 | 16 | 17 | 14 | Languedoc/Provence |

# CARNET D'

## VINS FRANÇAIS

*Un carnet d'adresses qui se limite à deux ou trois domaines par région viticole est forcément arbitraire (et injuste). Dans chaque vignoble, on pourra certainement trouver plus prestigieux, moins cher, plus original... au hasard de ses voyages ou des guides consultés. Ici, il ne s'agit, et c'est déjà beaucoup, que de valeurs sûres : des domaines appartenant à l'élite de chaque région, pas toujours très connus, attachés à vous faire découvrir leurs meilleurs vins dont les prix restent raisonnables.*

### ALSACE

**Domaine Lucien Albrecht**
68500 Orschwihr
03 89 76 95 18

**Domaine Paul Blanck et Fils**
68240 Kientzheim
03 89 78 23 56

### BORDEAUX

**Château Faugères**
33330 Saint-Émilion
05 57 40 34 99

**Château Lamothe-Guignard**
33210 Sauternes
05 56 76 60 28

**Château Tour-Haut-Caussan**
33340 Blaignan
05 56 09 00 77

### BOURGOGNE

Côte Chalonnaise
**Antonin Rodet**
71640 Mercurey
03 85 98 12 12

Côte de Beaune
**Domaine Tollot-Beaut et Fils**
21200 Chorey-les-Beaune
03 80 22 16 54

Côte de Nuits
**Maison J. H. Faiveley**
8, rue du Tribourg, B. P. 9
21701 Nuits-Saint-Georges
03 80 61 04 55

**Domaine Aubert et Pamela de Villaine**
71150 Bouzeron
03 85 91 20 50

Mâconnais
**Domaine des Deux Roches**
71960 Davayé
03 85 35 86 51

### BEAUJOLAIS

**Domaine Pierre-Marie Chermette**
Le Vissoux
69620 Saint-Vérand
04 74 71 79 42

### CHAMPAGNE

**Pierre Gimonnet et Fils**
51530 Cuis
03 26 59 78 70

**Champagne A. Margaine**
51380 Villers-Marmery
03 26 97 92 13

### JURA

**Domaine Jean Macle**
39210 Château-Chalon
03 84 85 21 85

**Domaine André et Mireille Tissot**
39600 Montigny-les-Arsures
03 84 66 08 27

### LANGUEDOC-ROUSSILLON

**Domaine d'Aupilhac**
34150 Montpeyroux
04 67 96 61 19

**Domaine Cazes Frères**
66600 Rivesaltes
04 68 64 08 26

### LOIRE

Anjou-Saumur
**Domaine des Baumard**
49190 Rochefort-sur-Loire
02 41 78 70 03

Pays nantais
**Château de la Ragotière**
44330 La Regrippière
02 40 33 60 56

Touraine
**Domaine Pierre Druet**
37140 Benais
02 47 97 37 34

### PROVENCE

**Château de Pibarnon**
83740 La Cadière-d'Azur
04 94 90 12 73

**Domaine Les Bastides**
13610 Le-Puy-Sainte-Réparade
04 42 61 97 66

### RHÔNE

Rhône Nord
**Domaine du Colombier**
26600 Mercurol
04 75 07 44 07

Rhône Sud
**Domaine de l'Oratoire Saint-Martin**
84290 Cairanne
04 90 30 82 07

**Domaine de Villeneuve**
84100 Orange
04 90 34 57 55

### SAVOIE

**Domaine Louis Magnin**
73800 Arbin
04 79 84 12 12

### SUD-OUEST

**Château d'Aydie**
64330 Aydie
05 59 04 08 00

**Domaine Cauhapé**
64360 Monein
05 59 21 33 02

## VINS ÉTRANGERS

*Voici quelques domaines célèbres (en gras) dont les vins sont peut-être chers mais ô combien savoureux. Nous avons indiqué soit l'importateur soit les cavistes parisiens (•) qui les distribuent en France.*

### ALLEMAGNE

**Erzeugerabfüllung Egon Müller zu Scharzhof**
• Fauchon
26, place de la Madeleine
75008 Paris
01 47 42 60 11
• Les Grandes Caves
70, rue Saint-Dominique
75007 Paris
01 47 05 69 28

**Weingut Dr Loosen**
• Tchin Tchin France
9, rue Montorgueil
75001 Paris
01 42 33 07 77

### AUSTRALIE

**Charles Melton** (Barossa)
**Mount Langhi Ghiran** (Victoria)
• Juvenile's
47, rue de Richelieu
75002 Paris
01 42 97 46 49
• Vins du Monde (importateur)
54, rue Berreau
44160 Pontchâteau
02 40 01 64 01

### CHILI

**Valdivieso**
• Vins du Monde, *loc. cit.*

### ESPAGNE

**Bodegas Vega Sicilia** (Ribera del Duero)
• Europvin (importateur)
65, cours Saint-Louis
33300 Bordeaux
05 57 87 43 21

**Clos Mogador** (Priorat)
• Vinespa (importateur)
214, av. du Président-Wilson
93210 Saint-Denis-La-Plaine
01 49 17 57 29

**Emilio Lustau S.A.** (Jérès de la Frontera)
• Europvin, *loc. cit.*
• Juvenile's, *loc. cit.*

### ÉTATS-UNIS

**Ridge Vineyards** (Santa Cruz Mountains, California)
• Vins du Monde, *loc. cit.*

**Robert Mondavi Winery** (Oakville, Napa Valley, California)
• BLD France (importateur)
193, rue de Bercy
75012 Paris
01 53 02 44 44

### HONGRIE

**Bodegas Oremus**
• Europvin, *loc. cit.*

### ITALIE

**Gaja** (Piémont)
**Sassicaia/Marchesi Incisa Della Rocchetta** (Bolgheri)
• Idéavino (importateur)
88, avenue Parmentier
75011 Paris
01 43 55 26 56

### PORTUGAL

**Quinta da Crasto**
• Juvenile's, *loc. cit.*

**Quinta de la Rosa**
• Europvin, *loc. cit.*

## CAVISTES

### PARIS

**Les Caprices de l'Instant**
12, rue Jacques-Coeur (4e)
01 40 27 89 00

**Caves Augé**
116, bd Haussmann (8e)
01 45 22 16 97

**Caves Estève**
10, rue de la Cerisaie (4e)
01 42 72 33 05

**Caves Taillevent**
199, rue du Faubourg-Saint-Honoré (8e)
01 45 61 14 09

**La Dernière Goutte**
6, rue de Bourbon-Le-Château (6e)
01 43 29 11 62

**Fauchon**
26, place de la Madeleine (8e)
01 47 42 60 11

**Les Grandes Caves**
70, rue Saint-Dominique (7e)
01 47 05 69 28

**Lafayette Gourmet**
48, bd Haussmann (9e)
01 48 74 46 06

# ADRESSES

**Legrand filles et fils**
Galerie Vivienne
1, rue de la Banque (2e)
01 42 60 07 12

**Valéry Namur**
197, av. du Maine (14e)
01 45 40 58 18

**Nicolas**
31, place de la Madeleine (8e)
01 42 68 00 16

**De Vinis Illustribus**
2, rue Lyonnais (5e)
01 43 36 12 12

**Vins rares-Peter Thustrup**
20, rue Serpente (6e)
01 43 25 24 31

### BANLIEUE

**Les Caves du Château**
17, rue Raymond-du-Temple
94300 Vincennes
01 43 28 17 50

**Les Caves Royales**
6, rue Royale
78000 Versailles
01 39 50 14 10

**Le Chemin des Vignes**
113 bis, av. de Verdun
92130 Issy-les-Moulineaux
01 46 38 11 66

### PROVINCE

**Athenaeum de la Vigne et du Vin**
7, rue de l'Hôtel-Dieu
21200 Beaune
03 80 25 08 30

**Denis-Perret**
40, rue Carnot
21200 Beaune
03 80 22 35 47

**Pérardel-Grands Vins de France**
Avenue Charles-de-Gaulle
21200 Beaune
03 80 24 08 09

**Badie**
62, allée de Tourny
33000 Bordeaux
05 56 52 23 72

**Bordeaux Magnum**
3, rue Gobineau
33000 Bordeaux
05 56 48 00 06

**L'Intendant**
2, allées de Tourny
33000 Bordeaux
05 56 48 01 29

**Ryst-Dupeyron**
10, cours du Médoc
33000 Bordeaux
05 56 39 53 02

**Caveau de Chassagne**
7, rue Charles-Paquelin
21190 Chassagne-Montrachet
03 80 21 38 13

**Caves Tissandier**
10, bd Desaix
63000 Clermont-Ferrand
04 73 35 39 97

**La Cave du Musée**
11, rue Kléber
68000 Colmar
03 89 23 85 29

**Rhône Millésimes**
42, Grande-Rue
69420 Condrieu
04 74 59 84 96

**Vinothèque Rohart**
66, rue Faidherbe
59800 Lille
03 20 06 29 92

**Cave Malleval**
11, rue Émile-Zola
69002 Lyon
04 78 42 02 07

**La Route des Vins**
486, rue Paradis
13008 Marseille
04 91 22 84 00

**Les Caves Gambetta**
16, cours Gambetta
34000 Montpellier
04 67 92 56 66

**Caves Notre-Dame**
1348, av. de la Mer
et 41, rue de l'Aiguillerie
34000 Montpellier
04 67 60 56 76

**Le Fief de Vigne**
16, rue Marceau
44016 Nantes
02 40 47 58 75

**Le Hameau du Vin**
La Gare
71570 Romanèche-Thorins
03 85 35 22 22

**Vérot Traiteur**
3, rue du Président-Wilson,
42000 Saint-Étienne
04 77 32 40 82

**La Sommelière**
7, place du Marché-Neuf
67000 Strasbourg
03 88 32 78 59

**Domaine de Lastours**
44, rue de Languedoc
31000 Toulouse
05 61 52 05 20

**Le Tire-Bouchon**
23, place Dupuy
31000 Toulouse
05 61 63 49 01

**La Vinothèque**
16, rue Michelet
37000 Tours
02 47 64 75 27

## BARS À VINS
### Paris

**L'Ange Vin**
168, rue Montmartre (2e)
01 42 36 20 20

**Le Baratin**
3, rue Jouye-Rouve (20e)
01 43 49 39 70

**Au Bascou**
38, rue Réaumur (3e)
01 42 72 69 25

**Bistrot du Sommelier**
97, bd Hausmann (8e)
01 42 65 24 85

**Fish**
69, rue de Seine (6e)
01 43 54 34 69

**Juvenile's**
47, rue de Richelieu (2e)
01 42 97 46 49

**Macéo**
15, rue des Petits-Champs (1er)
01 42 97 53 85

**Mélac**
42, rue Léon-Frot (11e)
01 43 70 59 27

**Le Montparnasse 25**
19, rue du Commandant-Mouchotte (14e)
01 44 36 44 25

**Les Papilles**
30, rue Gay-Lussac (5e)
01 43 25 20 79

**Pétrissans**
30 bis, av. Niel (17e)
01 42 27 83 84

**Vin sur vin**
20, rue de Monttessuy (7e)
01 47 05 14 20

**Willi's Wine Bar**
13, rue des Petits-Champs (1er)
01 42 61 05 09

### Alsace
**Le Winstub du Sommelier**
51, Grande-Rue
68750 Bergheim
03 89 73 69 99

### Bordelais
**Le Bistro du Sommelier**
163, rue Georges-Bonnac
33000 Bordeaux
05 56 96 71 78

**Le Bistroy**
3, place Camille-Hosteins
33270 Bouliac
05 57 97 06 06

**Claude Darroze**
95, cours du Gal-Leclerc
33210 Langon
05 56 63 00 48

### Bourgogne

**Le Bistrot des Halles**
10, rue Bannelier
21000 Dijon
03 80 49 94 15

**Ma Cuisine**
Place Carnot
(cours Sainte-Hélène)
21200 Beaune
03 80 22 30 22

**Les Millésimes**
25, rue de l'Église
21220 Gevrey-Chambertin
03 80 51 84 24

**Olivier Leflaive Frères**
3, place du Monument
21190 Puligny-Montrachet
03 80 21 37 65

**Le Montrachet**
Place des Marronniers
21190 Puligny-Montrachet
03 80 21 30 06

**Aux Vendanges de Bourgogne**
47, route de Beaune
21220 Gevrey-Chambertin
03 80 34 30 24

### Champagne
**Le Vigneron**
1, place Paul Jamot
51100 Reims
03 26 79 86 86

### Provence
**L'Ambassade des Vignobles**
42, place aux Huiles
13001 Marseille
04 91 33 00 25

**Le Bistro à Vin**
17, rue Sainte
13001 Marseille
04 91 54 02 20

**La Côte de Bœuf**
35, cours Honoré-d'Estienne-d'Orves
13001 Marseille
04 91 54 89 08

### Vallée du Rhône
**La Beaugravière**
84430 Mondragon
04 90 40 82 54

**Les Domaines**
28, place de l'Horloge
84000 Avignon
04 90 82 58 86

117

# I N D E X

Afrique du Sud 21-22
Alembert, Jean Le Rond 108
Allemagne 13, 22-23
Allobrogica 71
Alsace 9, 22, 24-25, 30, 78, 94
Amérique du Sud 7, 26
Andeli, Henri d' 78
Anjou 80
Arbois 74
Arcimboldo, Giuseppe 88
Asti Spumante 73
Australie 13, 14, 30-31

Bacchus *voir* Dionysos
Baïf, Jean Antoine de 108
Bandol 92-93
Banyuls 54, 61, 76, 85
Barbaresco 72
Barolo 72
Barossa Valley 31
Baudelaire, Charles 78, 106
Baugin, Lubin 89
Béarn 84
Beaujolais 32-33, 101
Bellet 92-93
Béranger 47
Bergerac 104
Bertier de Sauvigny, Louis 95
*Biturica* 71
Blanquette de Limoux 62
Bonaventure, saint 67
Bonnezeaux 80
Bordeaux 7, 12, 18-19, 29, 36-37, 48, 55, 58, 70, 83, 86, 89, 104, 107
Boudin, Eugène 89
Bourgogne 7, 12, 19, 33, 38, 47-48, 51, 55, 58-60, 70, 84-85, 95, 101, 111
Bourgueil 81
Brouilly 33
Brouwer, Adriaen 89
Brunello di Montalcino 73
Buzet 104

*Cabernet-franc* 31, 37, 76, 81
*Cabernet-sauvignon* 14, 22, 26, 31, 37, 43, 66, 93, 102
Cairanne 97
Cahors 104
Cap (Le) 22
Cassis 92-93
Caton l'Ancien 27, 108
Cézanne, Paul 89
Chablis 38, 41
Chambertin 54
Chambéry 29
Champagne 24, 42, 44, 49, 54, 58, 62, 83, 85
Champigny (Saumur-) 81
Chaptal, Jean-Antoine 108
Chardin, Jean Siméon 89

*Chardonnay* 14, 22 26, 31-32, 38, 43-44, 66
Château-Chalon 75
Château Pichon-Longueville 107
Châtelain-Courtois, Martine 112
Châteauneuf-du-Pape 97
Chenas 33
*Chenin* 80-81, 94
*Chenin blanc* 22
Chevaliers de la Chantepleure (confrérie) 52
Chevaliers du Tastevin (confrérie) 52
Chianti 73
Chignin-Bergeron 74
Chinon 81
Chiroubles 33
Chusclan 97
*Cinsault* 22, 93, 97
Cinzano 29
Clairette de Die 62
Claudel, Paul 78
Clos de Bèze 38, 59
Clos de Tart 59
Clos du Mesnil 60
Clos-Vougeot 38, 59
Colette 56, 79
Colgin Cabernet-Sauvignon 7, 90
Collioure 77
Columelle, Lucius 108
Commanderie du Bontemps de Médoc et des Graves (confrérie) 52
Commanderie du Bontemps de Sauternes et Barsac (confrérie) 52
Condrieu 96
Constance 22
Coonawarra 31
Corbières 77
Cornas 96
Corse 93
Corton-Charlemagne 38, 106
Côte châlonnaise 38
Côte de Beaune 38
Côte-de-Brouilly 33
Côte de Nuits 38
Côte-Rôtie 13, 70, 96
Coteaux-d'Aix-en-Provence 92
Coteaux de Champagne (ordre des) 52
Coteaux du Languedoc 77
Coteaux du Layon 80
Coteaux-Varois 92
Côtes-de-Provence 92
Côtes-du-Jura 74
Côtes-du-Roussillon 77
Côtes-du-Rhône 97
Crescenzia, Piero di 108
Crozes-Hermitage 96

Daubigny, Charles François 89
Deiss, Jean-Michel 12
Desai, Bipin 50
Diderot, Denis 108
Dionysos (Bacchus) 57, 73, 86, 94
Domitien 71
Dubonnet 29
Duero (vallée du) 64-65
Dürrbach, Éloi 12

Eiswein 23, 78
Espagne 7, 9, 13, 64-65
Estienne, Charles 108
États-Unis 7, 65-66
Étoile, l' 74

Fagon (médecin) 101
Fitou 77
Fitzgerald, Scott 51
Fleurie 33
Floc de Gascogne 85
Frontonnais 104

Gabin, Jean 72
Gaillac 62, 70
Galien 101
*Gamay* 32
*Garnacha* 64
*Gewurztraminer* 25
Gilgamesh 86
Givry 32
Goya, Francisco de 89
*Graciano* 64
Graves 36, 48
*Grenache* 61, 76, 93, 97
Guyot (docteur) 101

Hals, Frans 89
Haut-Brion 36, 48
Hemingway, Ernest 51
Hermitage 13, 41, 70, 96-97
Hippocrate 101
Homère 27, 78
Horus 86
Hunter Valley 31
Huss, Magnus 73

Ishtar 86
Isis 86
Italie 12, 13, 72-73

Jamshid 86
Jean (saint) 67
Jefferson, Thomas 48, 107
Juliénas 33
Jullien, André 108
Jura 47, 74-75, 85, 99
Jurade de Saint-Émilion (confrérie) 52
Jurançon 48, 78, 104

# INDEX

Koch, Bill 51

La Bongran, domaine de 12
Lafite-Rothschild, château 48, 51
Languedoc-Roussillon 84, 100-101
Latour, château 36, 48
Liebfraumilch 23
Lillet 29
Loire, vallée de la 80-81, 84, 94, 100, 107
Louis XIV 101

*Maccabéo* 61
Mâcon 32, 38
Macvin du Jura 85
Madère 85
Madiran 104
Malaga 85
*Malvoisie* 61, 85, 94
Marc (saint) 67
Margaret River 31
Margaux 14
Margaux, château 36, 48
Marmandais 104
Marsala 85
*Marsanne* 74, 93, 97
Martini 29
Maury 85
Maxim's (restaurant) 90
Médoc 7, 31, 36, 48, 54
Mercier, Louis-Sébastien 71
Mercurey 38
*Merlot* 14, 26, 37, 66, 76, 102
Meursault 38
Millet, Jean-François 89
Minervois 77
*Mondeuse* 71
Montaigne 28
Montbazillac 104
Montlouis 81
Montrachet 38, 50, 106
Montravel 104
Morgon 33
Moselle, vallée de la 22
Moulin-à-Vent 33
*Mourvèdre* 76, 93, 97
Mouton-Rothschild, château 12, 37
Müller, Egon 13
*Müller-thurgau* 22
Müller-Thurgau, Hermann 58
Muscadet 62
*Muscat* 24-25, 61, 85, 94, 101
Muscat d'Alsace 24, 54
Muscat de Chypre 78
Muscat de Frontignan 61
Muscat de Lunel 61
Muscat de Mireval 61

Muscat de Saint-Jean-de-Minervois 61
Muscat des Beaumes-de-Venise 61
Musigny 38

Napa Valley 66
*Nebbiolo* 14, 72
Noé 86
Noilly Prat 29

Odart, comte 108
Oreste 86
Orphée 86
Osiris 86

*Pais* 26
Palette 92-93
*Palomino* 22
Pasteur, Louis 58, 108, 112
Pécharmant 104
Pérignon, Pierre dom 44, 49
Pétrus, château 13
Peynaud, Émile 86, 108
Philippe Auguste 78
Pierre I<sup>er</sup>, tsar 101
Pineau des Charentes 85
*Pinotage* 22
*Pinot fromenteau (Pinot gris)* 25, 84, 94
Pinot meunier 44
*Pinot noir* 14, 22, 38, 44, 75, 84
Platon 28
Pline l'Ancien 108
Pomerol 7, 48, 113
Porto 65, 85
Pouilly-Fuissé 38
Pouilly-sur-Loire 81
*Poulsard* 75, 99
Probus 71
Provence 92-93, 100

Quarts-de-Chaume 80

Rabelais, François 79, 94
Rameau, Jean Philippe 47
Ramponneau (cabaretier) 72
Rasteau 61, 97
Ratafia de Bourgogne 85
Rê 86
Régnié 33
Renoir, Auguste 89
Revermont 74
Rhin, vallée du 22-23, 107
Rhône, vallée du 13, 19, 55, 96-97, 100-101, 111
Ribera del Duero 65
Ribéreau-Gayon, Jean 86, 108
*Riesling* 13-14, 22-25, 31
Rivesaltes 61, 77, 85
Rodenstock, Hardy 50

Rolland, Michel 87
Romanée-Conti 38
Romanée-Saint-Vivant 38
Roussillon 61
Rozier, abbé 108
Rueda 65
Rully 38

Saint-Amour 33
Saint-Chinian 77
Saint-Émilion 7, 37, 48, 104
Saint-Étienne d'Alsace (confrérie) 52
Saint-Joseph 96
Sancerre 81
*Sangiovese* 73
Saumurois 81
Sauternes 36, 78, 82, 109
*Sauvignon* 31, 37, 66, 81
*Savagnin* 74
Savoie 74
Sémélé 57
*Sémillon* 31, 37
Serres, Olivier de 108
Sonoma Valley 66
Sud-Ouest 100
*Sylvaner* 22, 25
*Syrah* 14, 31, 43, 71, 76, 93, 96-97

Tang, Henry 51
*Tempranillo* 64
Thevenet, Jean 12
*Tinto del pais* 65
Tokay 25, 75, 101
Touraine 81
Toutankhamon 87
Trevallon, domaine de 12
Trockenbeerenauslese (TBA) 23, 78
Turner, William 89

Valandraud, château de 7
Vega Sicilia 65
Vermouth 29
Vincent, saint 47
Vino Nobile di Montelpuciano 73
Volnay 106
Vosne-Romanée 106
Vouvray 81

Webber, Andrew Lloyd 90

Xérès 64, 85

Yquem 36

Zeus 57, 86
*Zinfandel* 65

# BIBLIOGRAPHIE SÉLECTIVE

Bernard Ginestet (sous la dir. de), *Le Grand Bernard des vins de France* (plus de 20 ouvrages consacrés chacun à une grande appellation), Éditions Jacques Legrand.
Jacques Puisais, *Le Goût juste des vins et des plats*, Flammarion, 1985.
Steven Spurrier et Michel Dovaz, *La Dégustation*, Bordas, 1991.
Raymond Dumay, *Guide du vin*, Garnier-Flammarion, collection « Livre de poche », 1992.
Marie-José Thiney, *Petit Guide d'œnologie*, Mollat, 1992.
James Halliday et Hugh Johnson, *L'Art du vin dans le monde*, Hachette, 1993.
Émile Peynaud et Michel Guillard, *Œnologue dans le siècle : entretiens*, La Table Ronde, 1995.
Émile Peynaud et Jacques Blouin, *Le Goût du vin*, Dunod, 1996.
Philippe Bourguignon, *L'Accord parfait*, Chêne-Hachette, 1997.
Hubrecht Duijker et Michael Broadbent, *Les Bordeaux, un atlas*, Gründ, 1997.
Hugh Johnson, *Nouvel Atlas mondial du vin*, Laffont, 1997.
Dewey Markham, *1855. Histoire d'un classement des vins de Bordeaux*, Éditions Féret, 1997.
Jacky Rigaux et Henri Jayer, *Ode aux grands vins de Bourgogne*, Éditions de L'Armançon, 1997.
Jancis Robinson (sous la dir. de), *Encyclopédie du vin*, Hachette, 1997.
Edmond de Rothschild, *Le Culte du vin*, Gallimard, 1997.
Michel Bettane et Thierry Desseauve, *Le Classement 99 des vins et domaines de France*, Éd. RVF/Flammarion, 1998.
Pierre Casamayor, *L'École de dégustation*, Hachette, 1998.
Thierry Desseauve, *Le Livre du vin*, Flammarion, 1998.
Michel Dovaz, *Château-Latour*, Assouline, 1998.
James Turnbull, *Champagne grandeur nature : les 90 plus grands champagnes*, EPA éditions, 1998.
Tom Stevenson, *L'Encyclopédie mondiale du vin*, Flammarion, 1999.

**Crédits photographiques :** Anvers, musée des Beaux-Arts 101 ; Florence, Galleria Palatina 43 ; Francfort, Städelsches Kunstinstitut 94 ; Londres, British Museum 86 ; Madrid, Museo del Prado 28 ; Paris, Bibliothèque nationale de France 73, 84 ; Jacques Boulay 20, 29b ; Dagli Orti 4-5, 27, 40, 71, 87h, 100 ; archives Flammarion 58-59, 95 ; Hoa Qui/Jacques Bravo 102 ; P. Hussenot 111 ; Magnum/Elliott Erwitt 32-33 /Henri Cartier-Bresson 46, 69 /Erich Lessing 57 /Gilles Peress 90-91 /Bruno Barbey 103b /Martine Franck 108-109 ; Réunion des musées nationaux 56, 67, 70, 79, 88-89 ; Ryman/Cabannes 6, 11 ; Scope 50, 87b /Jean-Luc Barde 7, 8, 12, 13, 14, 21, 30, 31, 36-37, 38-39, 63, 65, 85, 105 /Jacques Guillard 9, 15, 19, 24-25, 42, 45, 47, 54, 62, 64, 66h, 68, 74b, 74-75h, 83, 96-97, 107 /Michel Guillard 10, 16-17, 35, 41b, 51, 66b, 78, 98 /Gerd Kramer 22-23h /Kactus 26 /Michel Plassart 34, 52 /Daniel Czap 53 /Jean-Charles Gesquière 55 /Noël Hautemanière 60, 76-77h /Matthews 72 /Roland Huitel 92-93 ; Root Stock/Hendrick Holler 106 ; J.-D. Sudres 110 ; Rouen, musée des Beaux-Arts 113 ; Vanves, Explorer/F. Jalain 80-81.

Directeur de la série Art de Vivre : Stéphane Melchior-Durand
Coordination éditoriale : Béatrice Petit
Lecture et corrections : Catherine Bray
Direction artistique : Frédéric Célestin
Infographies : Thierry Renard
Fabrication : Bruno Bredoux
Photogravure : Pollina s.a., Luçon
Flashage : Pollina s.a., Luçon
Papier : Tecnogloss 135 g distribué par Fargeas, Paris
Papier de couverture : Carte Gemini 250 g distribuée par Axe Papier, Champigny-sur-Marne
Couverture imprimée par Pollina s.a., Luçon
Achevé d'imprimer et broché en août 1999 par Pollina s.a., Luçon

© 1999 Flammarion, Paris
ISBN : 2-08-012592-3
ISSN : 1275-2789
N° d'édition : FA 259201
N° d'impression : 75860
Dépôt légal : septembre 1999

*Imprimé en France*

Pages 4-5 : Pierre Victor Olagnon, *Propriétaire visitant son chai* (détail), 1829. H/t.
Beaune, musée du Vin de Bourgogne.